新自然主義

我們想要的未來❺

SDGs

永續設計_的公私協力

最實用的地方創生＋社區改造知識與方法（二）

高木超 著　羅曉勤 譯稿審閱暨導讀

目　錄

第1章　將 SDGs 活用在公私協力

第 3 章　加速今後 SDGs × 公私協力的 7 個關鍵

從永續發展的普世價值，
促進公私協力永續實踐

談到「永續發展」，普遍都會有一個疑惑就是：人類為何要關注永續？而人類關注永續的目的為何？從聯合國 2015 年提出永續發展目標與 2030 議程中，提到人類關注永續基於普世價值、為基於國際人權標準的永續發展願景，將平等和非歧視視為核心價值。這不僅包括經濟和社會權利，還包括公民、政治、文化權利以及發展權。

聯合國改變我們的世界：2030 年永續發展議程，提到「我們構想一個普遍尊重人權和人類尊嚴、法治、正義、平等和不歧視的世界；尊重種族、族裔和文化多樣性……一個公正、公平、寬容、開放和社會包容的世界，確保最弱勢群體的需求得到充分滿足。」

普世價值將人及其固有尊嚴放在發展努力的核心，使每個人都能成為這項努力的積極夥伴，進而實踐永續發展目標的真正變革。普世價值讓我們能夠超越抽象的總體，解決歧視和其他不平等的根本問題，這些根本問題是貧窮和衝突的核心。

將普世價值納入永續發展目標的實施也有助於各國履行其國際義務。如果永續發展目標的實施未能堅守這些價值觀，進展最終將被證明是虛幻的。聯合國改變我們的世界：2030 年永續發展議程進一步指出，有三大普世價值，人權、不能讓任何一個人落後、性別平等與女性賦權。

普世價值在促進公私協力永續實踐，為關鍵核心思維。首先，普世價值強調尊重人權和平等，這為企業和組織在與政府和公共部門合作時建立了共同的價值基礎，這種共同的價值觀有助於減少摩擦和衝突，並建立起彼此間的信任和合作。

其次，普世價值強調法治和正義，這意味著公私協力必須在遵守法律和道德規範的基礎上進行，透過建立公平公正的合作機制，公私協力可以確保每個參與者都在公平和合法的環境下發展，進而提高合作的效率和成效。

此外，普世價值還強調多元文化和包容性，這意味著公私協力必須尊重和包容不同背景和觀點的多樣性，透過吸納各種觀點和資源，公私協力可以更好地應對複雜的挑戰，並找到更具創新性和永續性的解決方案。

普世價值為公私協力提供了一個共同的價值基礎，並強調了合作中的法治、平等和包容，這有助於增強合作的動力和成效，推動更加有效的永續發展實踐。

高木超先生這本跨域的新書有相當多元公私協力案例，從中可以看見以下公私協力實踐永續發展關鍵的角色。

首先，永續發展所涉及的挑戰通常是複雜且跨越多個領域的，單一部門或組織難以獨自解決這些問題，而公私協力可以集結不同利益相關者的力量和資源，形成合作聯盟，共同應對這些挑戰。其次，私營部門通常擁有豐富的資源和創新能力，而政府和非營利組織則具有政策制定和社區經驗，兩者合作可以實現資源互補和優勢互補。

再者，公私協力能夠加速永續發展目標實踐速度，政府通常需要長時間的政策制定和執行過程，而私營部門則更具靈活性和快速反應能力，能夠更迅速地推動行動並創造實質影響。此外，公私協力還可以

促進知識和經驗的共享，促進創新和最佳實踐的傳播，從而提高永續發展實踐擴散。

　　公私協力是實踐永續發展目標不可或缺的重要取徑，通過促進合作、資源共享和創新，共同為實踐更加公平、包容和永續的未來而努力。

臺中科技大學通識教育中心專任副教授　何昕家

公私部門及民間團體共同協力，
加快邁向永續的腳步！

　　本書收錄許多日本地方政府結合公民團體推動達成永續發展目標（SDGs）的案例及經驗分享，與我國專責對外援助事務的國合會，近年來積極結合公私部門、公民團體的力量投入我國援外計畫，以擴大援助效益，同時協助我國友邦及友好國家發展達成 SDGs 的精神不謀而合。書中內容不僅相當值得本會借鏡，也適合所有對推動 SDGs 有興趣的讀者參考。

財團法人國際合作發展基金會秘書長 李朝成

　　很榮幸推薦這本有點像是實踐 SDGs 在地指南的工具書。書中列舉了很多日本「政府－企業－在地社區」的合作成功案例，有些成效甚佳的系統甚至推廣到國外應用；不禁讓筆者想起我們投入近 20 年的「社區一家」計畫，近年進一步擴大為「地方創生基金會」（平台性質），某種程度也是在進行「SDGs 與公私協力」的工作。

　　透過足夠大量的在地 SDGs 實踐，人類未來才有永續發展的可能，您也期待永續新生活嗎？不知道該如何執行？不要停下來，繼續往後翻，也許能從本書中找到落實 SDGs 的創意或起點，讓我們一起努力邁向美好未來。

信義企業集團創辦人 周俊吉

繼《SDGs 地方治理實踐手冊》後,高木超教授在台灣又推出第二本 SDGs 中文版書籍,第一本書對於想要推動永續的地方政府提供了很實用的指引,第二本書《SDGs 永續設計的公私協力》則更進一步提出「公私協力」具體做法將 SDGs 運用到地方政府。

　　高木超透過書裡的 10 個案例,介紹適合永續發展市鎮再造的各種公私協力方式,也透過案例詳細說明能讓公私協力更加順利的 7 個重點。相信這些案例可以提供台灣的地方政府參考及啟發,從 SDGs 及公私協力的觀點來討論地區的永續發展,應該能夠產生很多推動永續發展的新想法,進而提升台灣各地方的永續發展。

社團法人台灣環境教育協會理事長　張豐藤

　　高木超先生撰寫這本《SDGs 永續設計的公私協力》,運用多樣化的案例,讓讀者瞭解 SDGs 在實際的地方創生或其他的公民活動中如何成為連結點與催化劑。作者強調「SDGs 是一種語言」,正與我多年以來在許多場合談論 SDGs 時表達的概念不謀而合。我相當推薦這本書,相信政府官員、學術界人士、企業界與 NGO 的朋友都可以在書中找到自己可以投入的角度,與和其他利害關係人合作的方法。

臺灣師範大學永續管理與環境教育研究所教授　葉欣誠

一本公私部門及民間團體必讀的
永續發展議題手冊

　　最近是否常聽到或看到 SDGs、ESG、USR 等字眼呢？是否對於如何著手執行，感到迷惘呢？那麼您一定要來閱讀這本《SDGs 永續設計的公私協力》，從中獲得啟發。本書詳盡地說明導入 SDGs（永續發展目標）對地方政府或整個地方社會所帶來的優勢為何，更提供了實際的解決方案和豐富的事例，是致力於推動永續目標的政府官員、地方領袖，以及對社會公益事業有興趣的讀者們不可多得的參考佳作之一。

　　本書第 1 章開宗明義指出我們可以透過 SDGs 所提出的全球課題，以不同的視角來分析自己所居住地區的問題，這樣就可以發現即使是對自己熟悉的社區或地區，我們也可能尚未充分意識到存在於該地區的問題，或者有可能在未來會浮現並成為不可忽視的議題。

　　透過 SDGs 的核心目標及細項目標跟指標去核對自己的所居住或所屬的地區，這不僅能夠提高自身對地方問題的認識，也能夠去思考造成其問題或議題的背後主因並進一步地去規劃並實踐去以實驗的精神去實踐後來省視確保該地區或地方未來的發展方向並更加符合地區的實際需求。

　　本書最值得學習的地方是，強調 SDGs 不是只有地方政府單方面的執行，而是要透過走出行政體系尋求合作，從跟以往不同的觀點找出解決方法，並且共同去實踐它。本書提供了「公私協力」的特點及其可能的發展性，並通過對相關人物的專訪，進一步拓展了讀者對於相

關議題的理解。

其中，對日本內閣地方創生推進事務局局長青木由行先生的專訪更是本書的一大亮點（請見 31 頁）。青木由行先生在訪談中分享了日本政府如何選拔出「以達成 SDGs 的地方創生為使命，並提出優秀的 SDGs 實踐方案的地方自治體」，並將其列為「SDGs 未來都市」的背後原因，並深入探討地方政府在推進 SDGs 時所面臨的挑戰，以及公私協力合作是推動 SDGs 不可或缺的要素之一。

本書第 2 章的豐富案例更是本書獨特之處。作者深入日本全國各地的自治體，選取 10 個成功的公私協力合作案例，並針對公私協力合作的方式進行解說。這些案例不僅涵蓋業務委託、指定管理者制度、包括合作協定等多樣的合作手段的介紹，並具體呈現了這些手段在不同地方的實際運作情況。每個案例的構成會先介紹跟案例有關連的 SDGs 核心目標及細項目標，分析該案例的議題後再介紹具體實踐的內容。

換句話說，這本書為讀者提供了從理論到實踐的全方位參考。讓讀者在實際考慮公私協力時擁有更多的策略上的參考及選擇。整體來說，本書的理論解說清晰且實用性高，由衷地分享給所有關心永續發展議題的讀者。

臺中科技大學應用日語系教授

期待公私協力的觀點，提升台灣各地的永續發展

　　首先，感謝對本書感興趣的你！本書是依 2015 年聯合國大會全體會員國一致同意通過的「永續發展目標（Sustainable Development Goals，以下簡稱 SDGs）」如何活用於地方再造，而提出的「公私協力」這個具體做法而誕生的。書中介紹豐富的案例及促進公私協力的重點，對於要將 SDGs 運用於地方自治體、企業以及市民團體時，應該能從中獲取值得參考的內容。

　　本書一開始，說明 SDGs 為地方自治體及地方社會帶來的好處。其中一項就是「能夠促進地方自治體與利害關係人的合作」。就像「SDG1 消除貧窮」及「SDG13 氣候行動」等 17 項核心目標所提到的，運用世界各領域 SDGs 觀點來分析地方課題，就能發現自己居住地方所發生的，甚至是過去毫不在意的事情，都有可能會成為相關課題。

　　但是，要解決這些問題，地方自治體獨立處理還是有極限的，故應避免使用行政的專業用語，而是以企業及 NGO、NPO 等各主體的「共通語言」SDGs 來溝通，讓與機關外主體的合作變得有可能，如此一來，這些問題就不會僅止於在地方自治體內部討論，而是能與機關外主體一起討論出前所未有的解決對策並且去執行。

本書也介紹了公私協力推動 SDG 的作法，並且刊登各種案例及關鍵人物的採訪。譬如，日本政府從 2018 年起，把達成 SDGs 的地方自治體選定為「SDGs 未來都市」，到 2023 年為止，已經有 182 個都市被選定。本書拜訪了在推動 SDGs 占有重要角色的青木由行先生（時任內閣府地方創生推進事務局地方創生事務局長），談到地方自治體在推動 SDGs 時需要做的事，以及公私協力的重要性。

另外，挑選了包括神奈川縣鎌倉市與京都府龜岡市在內，日本全國的 10 個先進案例，以及詳細說明了「性別差異」與「循環經濟」等，能讓公私協力更加順利的 7 個重點。

讀完本書，希望各位讀者從 SDGs 及公私協力的觀點來討論地方政府的永續發展時，能夠萌生更重要的想法。

前言
公私協力對 SDGs 的重要性

■讓都市不同參與者互相連結的「模稜兩可位置」

在安排市鎮再造的工作時，我會設法找到「模稜兩可位置」。這個「模稜兩可」的說法，總給人負面的印象。但要加入「某人與某人」或「問題與問題」之間，將事物往好的方向調整，這件事不管在平常工作或是市鎮再造，甚至在維持人際關係應該都很重要。

要是居民對地方政府倡導的市鎮再造能夠先行預見未來發展，相信會感到比較安心吧？要是地方政府的職員只想規畫自己部門就能做到的措施，有可能達到「創造永續發展的城市」目標嗎？

廣泛匯集各領域課題的「共同語言」，被記述為「永續發展目標（SDGs）」，推動起來需要公私協力，在企業與企業、市民團體與市民團體、企業與市民團體等主體之間，也需要由政府介入，支援與解決相關課題，才能更發揮功能。

■SDGs 是促進各種不同主體合作的「共通語言」

雖然是 SDGs 達成年限 2030 年前提出的預測，但 2018 年發表的「地方政府戰略 2040 構想研究會第二次報告」中提到，因為經營資源的限制，可能會讓以原有的方法及水準提供公共服務的地方政府感到困難重重。另外也提及，除了必須面對公私效能不彰的問題，同時也必須建構出新的公私合作互助關係，並且找到能支持生計的對策。換句話說，地方政府希望將自己的角色「轉換到公私協力平台建立者」。

安排可提供地區內各單位，以及地區外其他單位聚集的場所，透過各單位「模稜兩可的位置」之行政單位，將力量發揮到最大。

透過公私協力來推動城市建設，SDGs 這個「共同語言」就可發揮促進各種不同主體合作的功能了。

本書會介紹，在全國各地靈活運用各種可能性的 SDGs，以及透過公私協力來解決地方課題的地方政府（圖 1）。書中內容如能帶給地方政府職員、議員、企業、市民團體或個人等，在推動 SDGs 時些許幫助，就真的太好了。

以「SDGs × 公私協力」解決地方課題

第1章 將 SDGs 活用在公私協力	第2章 從實踐學習 SDGs×公私協力	第3章 加速今後 SDGs×公私協力之 7個關鍵	後記 讓公私協力成功的重點及看法
・理解 SDGs 的特徵 ・思考 SDGs 如何對公私協力產生作用	・從地方自治團體實踐的案例，探求 SDGs 與公私協力有助於解決地方課題的切入點	・從 SDGs 與公私協力觀點，討論地方自治團體解決課題的 7 個關鍵字	・以「SDGs×公私協力」主題，整理透過本書所得到的看法

圖 1　本書的構成。在第 1 章到後記的各階段，整理了地方自治團體與公私協力，活用 SDGs 的重點。

註 1　總務省・地方自治團體戰略 2040 構想研究會「地方自治團體戰略 2040 構想研究會第二次報告」〈https://www.soumu.go.jp/main_content/000562117.pdf〉（最後存取日：2021 年 8 月 12 日）

將 SDGs
活用在公私協力

1 多元化的地方課題及 SDGs

■何謂 SDGs ？

近年來，在地方政府的課題中，增加了氣候變遷及海洋塑膠污染項目，然而單靠地方政府是沒辦法解決地球環境的課題。本書提到的「永續發展目標（Sustainable Development Goals，以下稱 SDGs）」就是最具代表的例子（圖 1）。

SDGs 在 2030 年的達成期限前，希望完成包括「消除貧窮（目標1）」、「消除飢餓（目標2）」等 17 項目標。除了 17 個核心目標（SDGs Goals），同時也附有 169 個細項目標（SDGs Target）。與每一個核心目標息息相關的細項目標數，雖然會因各目標的不同而有差異，最少的是目標 7「可負擔的潔淨能源」和目標 13「氣候行動」，有 5 個細項目標，而最多的是 17「夥伴關係」有 19 個。

圖 1 世界共同要達成的 SDGs 是 2015 年 9 月，在美國紐約聯合國總部舉行的 SDGs 高峰會議中，獲得 193 個同盟國一致同意設定。

（出自：農林水產省網站，註 1）

■將 SDGs 推廣至社會

想要達成 SDGs，不能只靠聯合國及各國政府，同時也要企業及地方政府、公民社會等所有人的參與。近年來，有許多企業已著手推動 SDGs，而且媒體也開始報導相關議題（圖 2）。

根據朝日新聞社自 2017 年起，持續進行的認知度調查得知（註2），對於「聽過 SDGs 嗎」，以 2017 年 7 月（第一次調查）東京都、神奈川居民為對象來看，回答「有」的人有占 12.2%；第七次之後的調查，受訪對象遍及全國，在 2021 年 12 月，認知度達到 76.3%（第八次）。

另外，從政府調查結果可知，地方政府對於 SDGs 的關心程度也有逐漸增加的趨勢（圖 3）。

此趨勢在企業也可看到。Global Compact Network Japan（以下稱 GCNJ）及公益財團法人地球環境戰略研究所（IGES），以 GCNJ 的企業與團體會員為對象進行調查，結果顯示，對 SDGs 的認知度回答「已在高級主管層扎根」的比例，在 2016 年有 27.9%，到 2018 年有 59.4%，2020 年快速增加至 85.1%。

圖 2　SDGs 標誌之一，稱為「彩色輪」的彩色圓形徽章。將此徽章別在上衣胸口的商業人士及地方自治體員工的人數逐漸增加。

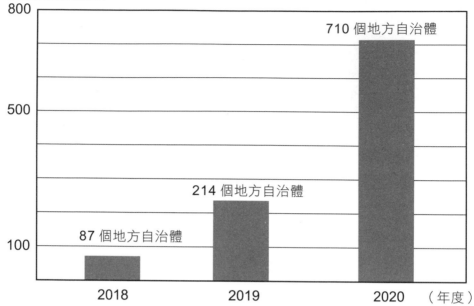

（地方自治體數）

圖 3　針對是否正在進行 SDGs，回答「正在推動」的地方自治體數，2018 年只有 87 個，兩年後，到 2020 年快速增加至 710 個。（註3）

■政府體制內推動 SDGs 的維護

　　自 SDGs 被選定以來，日本政府在體制內推動 SDGs。2016 年 5 月，內閣會議決定設置「永續發展目標推動總部」。SDGs 推動總部由內閣總理大臣擔任總部長，所有國務大臣皆為其成員，決定訂出日本 SDGs 方向的「永續發展目標實行方針」及行動方案。

　　另外，內閣府從地方自治體中，將提出優秀 SDGs 措施的地方自治體選定為「SDGs 未來都市」，四年總共選出 124 個都市。此制度開始後，地方自治體對 SDGs 的關心程度大幅提升。被選定的地方自治體中，最為領先者也會被選為「地方政府 SDGs 模範事業」，可拿到 2,700 萬日圓為上限（2021 年）的補助金。

2 SDGs 的特徵及優點

■想活用 SDGs 必須知道的兩項特徵

地方政府活用 SDGs 最重要的是「相互關連」和「回溯分析法」兩項特徵。

（1）相互關連：SDGs 的核心目標與細項目標的關係

SDGs 的 17 項核心目標中，像是目標 5「性別平等」是屬於地方自治體的男女「平等參畫課」，目標 15「陸域生命」則是「環境政策課」……，像這樣按照各領域來分類的話，就很明顯知道與地方自治體的哪些部門有關。

但 SDGs 的核心目標與細項目標是會相互影響的。譬如，地方自治體進行道路的基礎建設維護是對應核心目標 9「產業創新與基礎建設」有貢獻的計畫。如要更進一步地，開通公車新路線，提高居民對大眾交通運輸的使用，那麼對核心目標 11「永續城市與社區」的達成也會帶來加乘效果。

另一方面，在維護道路時可能需要砍伐森林，如果影響特有的生物多樣性，目標 15「陸域生命」的達成度就會退步。

像這樣，想達成某一項目標所採取的行動，會牽動另一項目標的達成（利用），SDGs 核心目標與細項目標之間是相互關聯的，就稱為「相互鏈結」。

討論政策時，如果能考慮到 SDGs 的相互鏈結這個特徵，盡可能做出能提高加乘效果，將可能減損的政策、措施或是事務相關計畫採取權衡手段，那就不只能達成 SDGs，連政策的品質也會跟著提升。

（2）回溯分析法：從高目標開始的逆算方法

接著，介紹從目標開始回溯計算的「回溯分析法」。

首先，設立欲達成的目標，再思考要達成目標須採取什麼行動，地方自治體在設定所有措施及工作事務的 KPI（重要業績評價指標）時，或許已經對此方法相當熟悉了。但我想應該不會將目標設定成「預測可能達到的程度」吧！

譬如說，某個市營設施，前年度的單日平均利用人數有 100 名，如果要設定新年度目標，因為前年度是 100 名，那麼自然會有新年度應該是 110 名的想法，這便是在前年度的人數上，無意識地去預測下一年度實現的可能性，然後決定目標值。因為是在前年度的績效延長線上，設定新年度的位置，所以不會產生太大的變化。

在決定此目標時，原本應該要討論的是「該市營設施的適合平均利用人數是幾個人」。如果設定非常高的目標，那就需要找出新的因應對策。比起時時刻刻將 SDGs 擺在第一的公私協力，此方法更講求提升政策的品質，兩者有很大的差異。

SDGs 的核心目標，像是消除貧窮（核心目標 1）、消除飢餓（核心目標 2）等非常高的目標，想要達成必定困難重重。但因為如此，在與從未參與過的民間企業合作時，或許就是能激盪出新方案的好時機了。

■ SDGs 加速帶動公私協力

對地方自治團體與地方而言，SDGs 究竟能發揮什麼功用呢？接下來要舉出三個 SDGs 帶給地方政府與地方社會的優點。

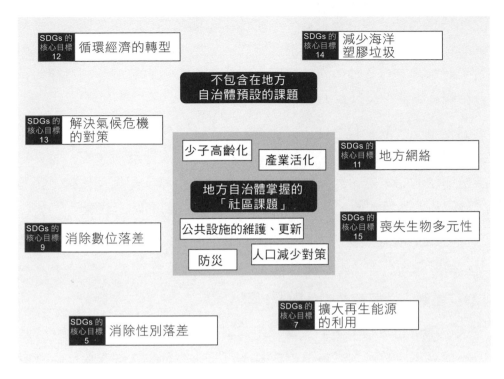

圖 4　只要活用 SDGs 就能知道至今無法掌握的社區課題。

（1）以行政機關外的標準重新審視現狀

　　地方自治體本來就會在分析地方課題之後，以分析結果為基礎，設定應優先處理的課題。如事前能掌握較多課題的話，那麼就算面對像新冠肺炎等，這種難以事先預測的問題，最起碼也可確保足以應對的時間。

　　關於這一點，SDGs 就能將世界所發生的課題及解決的方向，像「一覽表」一樣整理出來。地方自治體可藉由 SDGs 來釐清在自己地方發生但尚未成為課題的事項，或是未來在自己地方會變得重要的課題（圖 4）。

如能透過行政機關外的觀點，發現尚未顯現的「市鎮課題」，那麼就能在課題沒有變得更嚴重前，研究出因應的對策。要這樣做時，對策的討論就不會在地方自治體層面就結束，與設定較高達成目標的行政機關外組織一起討論也變得極為重要。

　　其他像是，利用包含多方面領域的SDGs17項核心目標來檢核既有的措施，這應該也有助於理解各項核心目標的課題解決狀況。而且把課題解決的完成度，以及既有措施的數量及預算分配相互比對，哪個領域的投入是足夠的，又或者哪裡不夠充足，都可以一目瞭然。

　　此分析不但能檢視地方自治體的整體措施是否平衡，也有助於了解既有措施是否有強化，以及有無建立新措施的必要。

（2）多數人共同擁有的課題與目標

　　因市內的自然環境遭到破壞，所以須更積極的做好環境保護。因地方經濟衰退，故應促進經濟的成長。因日常生活中，輪椅是不可或缺的，所以想推動市內的無障礙空間⋯⋯。像這樣，「親身體會的地方課題」及「想要實現的城市模樣」，不只是地方自治體職員有此想法，居民應該也是如此吧！

　　雖然如此，因立場和狀況各異，所以課題認知及目標的方向也不相同。即便在同樣的公私協力場合，行政部門及企業方看似已有共識，但實際上，還是經常出現對課題的想法有些微差異，或是各自懷著不同目標參與計畫的情形。

　　為改善此現象，世界193個國家的共同認可的目標SDGs就負擔起「共同語言」的角色。在SDGs架構下進行磨合溝通，這樣將更有利於對不同背景產生的課題獲得共識。

在 SDGs 這個明確目標下，那麼各主體之間，不管是前進的方向，或是解決所需時間的預估等，都能更有一致性。然後只要共同擁有目標及期限，那麼即便是採用不同方法來達成，不同主體應該也能相互合作。換句話說，就像在公私協力時的運用，SDGs 同時也具備促使多元主體間合作的性質。

（3）能跨領域討論解決對策

到目前為止，地方自治體都對居民宣導「城市願景」，不過，提出的像是「讓大家帶著笑容生活的城市」或「能舒適生活，安心、安全的城市」等太過抽象的目標，很多案例沒具體表示「何時達成？內涵為何？怎麼做？」

從 SDGs 的細項目標（Targets）可知，裡面標示有「何時達成？內涵為何？怎麼做？」。譬如細項目標 1.2 的內容，「在 2030 年前，依據國家的人口統計數字，將各個年齡層的貧窮男女與兒童人數減少一半」。

明確敘述「何時達成？內涵為何？怎麼做？」的目標，如果各種不同主體能共識，如此就不再侷限於特定領域，各個領域應該都能發揮其強項，合力解決課題。

這個時候，理解前述的相互鏈結就變得非常重要。譬如並非「因為是環境的目標，所以就由環境部門及環境團體來討論」，只用領域來縱向劃分，而是讓非以環境為專業的部門，以及行政機關外的主體也能加入，思考各自可以貢獻什麼。如此各種不同主體的協力，又稱為「多方利害關係人夥伴關係（MSP）」。

3 對行政、民間、地方課題解決有所貢獻的「公私協力」

■推動 SDGs 必須「公私協力」

與 SDGs 核心目標 17「夥伴關係」息息相關的細項目標中，提到為了達成 SDGs，各不同主體合作的重要性，譬如「全球夥伴關係的重要性（細項目標 17.16）」，以及「鼓勵及促進有效的公民營以及公民社會的合作（細項目標 17.17）」等。

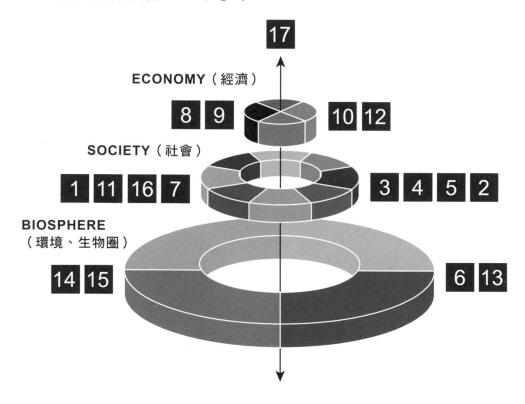

圖 5　觀察「SDGs 婚禮蛋糕」模型，可以發現 SDG 17 夥伴關係貫穿三個層面。（出自：參考 Stockholm Resilience Centre 資料，作者整理）

瑞典的環境學家約翰・羅特斯克倫等人提到,稱為「SDGs 三層蛋糕（SDGs wedding cake）」的模型,在經濟、社會、環境的三個層面,SDGs 的 17 項核心目標上下貫穿,分別與三個層面連結並發揮其功能（圖 5）。

上層的「經濟」層面有 SDGs 的核心目標 8 等 4 項目標,但是由核心目標 3「良好健康與福祉」等構成的「社會」層面沒有達到的話,就無法實現高品質的經濟了。

同樣的,「社會」的層面受到「環境」層面的支持。譬如,若「環境」層面的氣候行動（核心目標 13）以及陸域生命（核心目標 15）發生的話,那麼核心目標 3 所提到的確保健康生活便無法辦到,而「社會」層面也就不成立了。

實際上,研究前述被選定為 SDGs 未來城市的地方自治體,從他們的 SDGs 未來城市計畫分析各地方課題,可以知道在經濟、社會、環境三層面,會提出什麼樣的方案。

地方自治體在面對各課題的相對應領域,反射性地會認為應該由所屬部門負責,且只有那個部門討論出具體方案,對於其他層面不會產生任何聯想,導致創新的想法受到限制。此狀況就是受各方批評的「直線領導」,這時候藉由跟民間企業與團體的合作,在不受限於行政組織體制下,才可能萌生新的想法。

2017 年,紐約聯合國總部主辦的永續發展高階政治論壇中,岸田文雄外交部長（當時）跟以「Pen-Pineapple-Apple-Pen（PPAP）」表演享譽世界的藝人 PIKO 太郎,在日本政府主辦的歡迎會登場,隨著 PPAP 的音樂,做「Public Private Action for Partnership（PPAP）」的演出,向全世界展現日本政府是如何透過公私協夥伴關係拓展 SDGs,並且十分地重視。

而後 2019 年 12 月，日本政府發表的「SDGs 實行方針修訂版」中也提到，「對於實施 2030 議程，日本將以監測、行動、查核，打破省廳及國家與地方自治體的障壁，以及公私部門間的藩籬，與多元利害關係人一起合作推動」，有關 SDGs，強調公私協力的重要性。

政府、地方自治體及民間企業、團體相互合作，對於達成 SDGs 是非常重要的。

■地方創生 SDGs 官民協力平台

呼應這個訴求，內閣府在國內推動 SDGs 時，便希望能跟地方創生連結，所以在 2018 年設置「地方創生 SDGs 官民協力平台」。2021 年 11 月底，會員數有 6,112 個組織（註：都道府縣、市區町村 1,024 個、相關省廳 16 個、民間團體 5,072 個）以及來自官方及民間的許多團體參與。

對會員來說，「地方創生 SDGs 官民協力平台」會員，可以享有普及推廣活動、協調媒合、舉辦小組會議等三項優點。

而在「地方創生 SDGs 官民協力平台」，也會表揚「地方創生 SDGs 官民協力優良案例」。本書從 2020 年度所表揚的 5 個案例中，在第 2 章介紹了由石川縣金澤市與地方綠色工程支援研究所合作的「北陸地區地方公共團體完全 LED 化綜合事業」（案例 3），以及滋賀縣與縣內企業所進行的「滋賀 SDGs × 創新樞紐（innovation hub）」（案例 6）。

■多元化的「公私協力」方式

下一章，我們會介紹適合永續發展市鎮再造的各種公私協力方式（圖 6）。

首先提到的，是涉及負擔行政財政、人事的，像是業務委託、指定管理者制度、PFI（Private-Finance-Initiative）模式以及命名權等，這一些能夠靈活運用公有資產等的事項。此外也會提到，不須負擔行政財政、人力的事項，包括合作協定以及個別業務合作協定等。本書所介紹的，金澤市與地方綠色工程支援研究的合作（案例3）屬委託契約，上勝町與 BIG EYE COMPANY 株式會社的合作（案例9）是指定管理者制度，神奈川鎌倉市 × WOTA 株式會社的合作（案例1）則是綜合合作協定，可見公私協力的方式相當多。相信了解多元化的合作模式，有助於實際討論公私協力方案時參考。

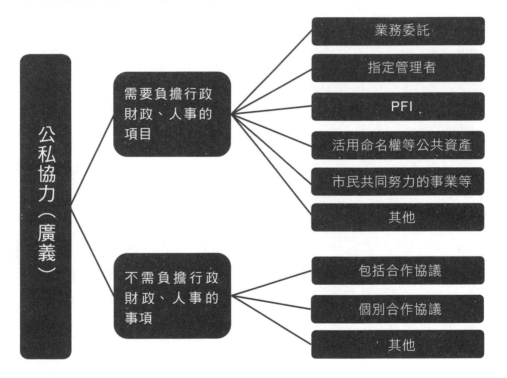

圖 6　公私協力的分類

（出自：參考「富田林市公私協力服務指導原則」，作者整理）

■注釋

註 1　農林水產省「『SDGs×食品產業』常問集」〈https://www.maff.go.jp/j/shokusan/sdgs/sdgs_faq.html〉（最後存取日：2021 年 6 月 10 日）

註 2　朝日新聞社網站「【SDGs 認知度調查第 7 回報告】SDGs「曾經聽過」約五成」〈https://miraimedia.asahi.com/sdgs_survey07/〉（最後存取日：2021 年 9 月 19 日）

註 3　內閣府地方自治團體 SDGs 推進評價・調查檢討會「令和 2 年度有關 SDGs 之全國問卷調查結果（案）」〈https://www.chisou.go.jp/tiiki/kankyo/kaigi/dai31/sdgs_hyoka31_shiryo3-1.pdf〉（最後存取日：2021 年 9 月 18 日）

註 4　Global Compat Network Japan 及公益財團法人地球環境戰略研究機關（2021）「SDGs 及商界克服新冠之亂～從日本企業、團體來談」p.8

註 5　內閣府「有關令和 3 年度 SDGs 未來都市、地方自治團體 SDGs 模範事業（附錄 1）」〈https://www.chisou.go.jp/tiiki/kankyo/teian/2021sdgs_pdf/05_puresuissiki.pdf〉（最後存取日：2021 年 6 月 10 日）

註 6　2018 年度的上限是 4,000 萬日圓，2019 年度、2020 年度的上限是 3,000 萬日圓

註 7　每一項皆有詳細說明的是，參考『SDGs×地方自治團體 實踐指南 能活用於現場之知識與方法』（學藝出版社）。

註 8　外務省網站「岸田外務大臣出席聯合國的永續發展高階政治論壇（HLPF）等」〈https://www.mofa.go.jp/mofaj/ic/gic/pagel_000359.html〉（最後存取日：2021 年 9 月 19 日）

註 9　內閣府網站「地方創生 SDGs 官民合作平台」〈https://future-city.go.jp/platform/〉（最後存取日：2022 年 1 月 8 日）

■參考文獻

1. 外務省（2019）「SDGs 實施指針改訂版」〈https://www.kantei.go.jp/jp/singi/sdgs/pdf/jisshi_shishin_r011220.pdf〉（最後存取日：2020 年 8 月 25 日）

2. 內閣府（2019）「城鎮・人・工作及創生綜合（2018 改訂版）」〈https://www.kantei.go.jp/jp/singi/sousei/meeting/honbukaigou/h30-12-21-shiryoul.pdf〉（最後存取日：2020 年 8 月 25 日）

3. 高木超（2020）『描繪未來城鎮！地方自治團體的 SDGs』學陽書房

　　訪談推動地方自治體SDGs時，擔任重要角色的內閣府地方創生推動事務局的事務局長青木由行，闡述有關地方自治體在推動SDGs時最需要注意的事，以及公私協力的重要性。

首先，請告訴我們內閣府是如何推動SDGs呢？

　　所謂的地方創生，就是以克服人口減少，維持地方活力並促進發展為目標而採取的對策。為此，地方自治體以實現「不放棄任何一人」的社會為目標，構思達成SDGs應採取的對策，就是助益地方創生的貢獻。

　　內閣府地方創生推動事務局，依循著SDGs理念，從提出優秀方案的地方自治體中挑選「SDGs未來城市」，然後再從這些SDGs未來城市中，選出具領先地位，可做為「地方政府SDGs模範事業」的城市提供補助金，讓成功案例可以遍及全國。

　　另外，從促進地方自治體與多元民間企業的合作來看，希望藉由「地方創生SDGs公私協力平台」的創設能有效解決地方課題，並且促使公私協力的搭配以達成SDGs目標。其他，像是促進地方自治

在宮崎縣及鳥取縣與行政機關具合作經驗的青木由行。

體與金融機構合作，鼓勵對地方事業體給予支援等，像這樣藉由利害關係人之間的合作，從金融面推動SDGs的「地方創生SDGs金融」也有所進展。

在推動「以SDGs做為原動力的地方創生」時，地方自治體是如何靈活運用SDGs的呢？

31

地方自治體的工作是以公益為目的，所以工作內容應該會符合SDGs17項核心目標當中的某一項，而SDGs兼顧經濟、社會、環境三面向，為三者能協調發展，在推動時大致要採取以下三種思考觀點：

第一點，查覺過去施行措施的多方面涵義。而這與提升政策的多元效益是有關連的。

第二點，注意到與其他措施的關聯，並且意識到加乘效果及利弊權衡。這與提高綜合性效果有關。

第三點，將眼光放在中長期的目標，注意執行政策時可能發生難以預測的副作用，並且在意識到時間軸的同時，專注以執行政策為目的。

另外，在地方政策通用「回溯」的思考是有效的。只不過，狀況發生變化時，要留意不能讓目標及施行措施太過僵化，沒有保留彈性。

行政單位容易對批評及風險有過多反應，所以希望能藉由SDGs的「號召」，喚起大多數人的共鳴、行動以及協力，一起向前邁進。

觀察先進的地方自治體，以及由首長共同參與制定SDGs的方向及策略，這應該會讓站在第一線的職員比較認同。這樣的地方自治體，會給人一種，職員自己會提出新方案，且有許多主體會共同參與，不斷往前邁進的印象。

您對地方自治團體在推動SDGs時，官民合作之必要性有何看法？

近年來，隨著數位科技的發展，許多資訊都可互相分享，從整體環境變化來看，其帶來的影響不但多元且廣泛，而且因為這樣，行政領域的公私協力就變得更為重要。持續推動公私協力狀況下，應有許多主體已經面臨不得不參與SDGs的情況了。

另一方面，也可看到一些地方自治體雖然掌握了地方課題，但卻不知道該如何運用民間企業的知識及技術，只是表面上將優良實例套入，最後卻無法成為成功的案例。而且也因為民間企業對地方課題不熟悉，所以無法精準提出適當方案，甚至有時也會無法理解行政上的財政限制，以及必須向議會、居民說明為什麼解決此問題，官方與民眾應相互了解，並且善加利用各自的特色來協調，這才是最重要的。

新冠肺炎之後，社會產生的變化，地方自治體在推動 SDGs 時，有沒有需要注意的重點或主題呢？

首先，是在「數位科技」方面。做為實現新資本主義的成長策略，使地方活化，岸田內閣提出與世界連結的「數位田園都市國家構想」應受到重視。在地方，只要安裝網路就能解決大部分課題，這對地方推動 SDGs 更是不可或缺的。因為新冠肺炎的關係，遠距辦公的機會增加，數位的活用範圍也變得廣泛。在這當中，除了讓我們了解遠距的優點、可能性、限制之外，也讓我們重新認識，實體交流與實體空間的重要性。從現在開始，「數位及真實的融合」應該會是重要的課題吧！

第二，就是「包容性及多元性」。就算和 SDGs 的主要原則包容性及參與計畫有所衝突，也要讓各個不同主體分享想法，這就需要提高地區社會的包容性及多元性。

第三，我認為「本土化優先」的價值觀變得更重要了。因數位科技快速發展，不管在哪裡，都能迅速獲得大量資源，因此「限時、限地、限定對象」的消費者需求擴大，了解地方及在地的優點，進而努力提升自我品質。在地方創生 SDGs 方面，各種主體將地方課題當作是「自己的事」是很重要的。相信只要擁有本土化優先價值觀的人增加，應該有助於創造充滿魅力的社區。

聯合國從 2020 年後的 10 年，設定為「行動的 10 年」。今後，對地方自治體的作法有何期待呢？

內閣府表示，投入地方創生 SDGs 的地方自治體比例，希望能在 2024 年之前達到 60% 的目標。但是到 2021 年度為止，只擴大到 52.1%，希望之後能有更多地方自治體採取更積極的行動。

再者，活用數據資料，描繪出能夠喚起更多人願意採取行動參與具有魅力的願景。像在這樣前景未明的時代中，不斷重複先看看「樹木（各個現場的行動）」再看看「森林（累積行動後所創造的趨勢）」，然後又再回頭看看「樹木」的過程是很重要的。至於分享具體數據，身為當事人應該具備積極提案及喚起行動的能力。

只不過，要留意不要把設定目標數值當成是自己唯一目的，否則可能會掉入過度規畫、過度分析、過度管理的陷阱。

最後，只要從本土化優先這個觀點發展下去，就能改變現在的價值觀及規則了。從地方開始，改變日本的一般認知，期待出現能展開未來的作法。

專欄

SDGs de 地方創生桌遊

　　不只是直接設置一個負責 SDGs 的企劃部門或環境部門，而是要讓 SDGs 滲入整個機關，是地方自治體在推動 SDGs 時必須要面對的課題之一。

　　為了解決此課題，大部分會由負責單位邀請專家舉行演講，或是舉辦研習會等，但我們或許也該考慮一下，舉辦「運用桌遊的體驗型工作坊」是否也可行呢？在此，我們會以公私協力的觀點，詳細介紹在《SDGs 地方治理實踐手冊》（幸福綠光出版，註1）中提到的「SDGs de 地方創生」桌遊。

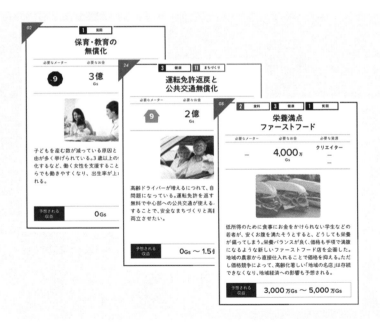

圖 1　豐富多彩的專案卡片（提供：SDGs de 地方創生運營事務局）

什麼是 SDGs de 地方創生桌遊？

●遊戲介紹

　　「SDGs de 地方創生桌遊」參加人數最少 6 人，最多 48 人，它是一款藉由 SDGs 觀點來實際體驗地方創生的模擬型桌遊，能預料現在起，到 12 年以後的世界(註2)。

　　參與者成為假想社區的居民，各自擔任行政人員、第一產業從事者、商家等角色。跟真實世界一樣，每位參與者都設定了「個人目標」，參與者以達成被分配到卡片上所標示的「個人目標」為目的，進行遊戲。

●使用的卡片種類

- 遊戲卡：記載了每位參加者要達成的事項（例：「創造和平且充滿幸福感的社區」）。同時也記載達成目標所需的條件（例：「1. 貧窮」「16. 和平」等，實現 4 個以上的條件）。

- 專案卡：記載建設社區的活動（例：「保育、教育免費」）。所需資源及金錢也一併記載。

- 資源卡：表示地方重要資源的卡片（例：「創造者」）。

- 成果卡：進行專案時，從辦公局（引導人員）拿到的「成果」卡片。寫了與「地方狀況測量表」變化有關的指示，以及作為成果報酬而獲得的卡片種類。

- 金錢：執行專案時所需的資金。單位是「Gs」。

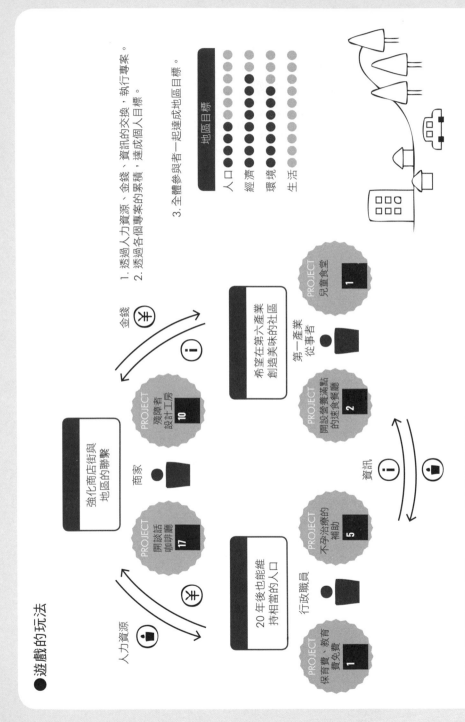

●遊戲的玩法

1. 透過人力資源、金錢、資訊的交換，執行專案。
2. 透過各個專案的累積，達成個人目標。
3. 全體參與者一起達成地區目標。

地區目標

人口
經濟
環境
生活

金錢

資訊

人力資源

希望生第六產業
創造美味的社區

第一產業
從事者

PROJECT
兒童食堂
1

PROJECT
殘障者
設計工房
10

PROJECT
開設營養滿點
的速食餐廳
2

強化商店街與
地區的聯繫

商家

PROJECT
開談話
咖啡廳
17

PROJECT
不孕治療的
補助
5

20年後也能維
持相當的人口

行政職員

PROJECT
保育費、教育
費免費
1

圖2 遊戲流程（提供：SDGs de 地方創生運營事務局）

遊戲大致以下列流程來進行。地方狀況測量表會因為參加者執行的專案而產生變化。

1. 透過人力資源、金錢、資訊的交換，執行專案。
2. 透過各個專案的累積，達成個人目標。
3. 全體參加者一起達成地方目標。

　　「SDGs de 地方創生」如果只以達成自己的目標為優先的話，那麼可能會對「人口」、「經濟」、「環境」、「生活」的社會狀況產生負面影響，居民之間也會產生芥蒂。這樣可能會加快人口減少的速度，社區會朝衰退前進。而且不光如此，社會狀況的惡化也會讓參加者的個人目標難以達成。

另一方面，透過居民們合作，能夠讓前面提到的社會狀況及個人目標更容易達成。另外「人口」、「經濟」、「環境」及「生活」的變化，引導人會用 4 種不同顏色的磁鐵標示在白板上，這稱為「地方狀況的測量表」。

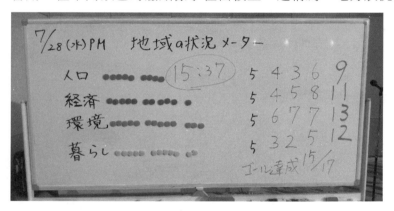

圖 3　參加者以「地方狀況的測量表」來掌握現狀（提供：竹田法信）。

●以桌遊學習「芥蒂」的存在

　　像這樣，可以親自體會如果「SDGs de 地方創生」發生「芥蒂」的話，會影響到社區永續的可能性。反觀，行政及企業、行政及市民團體的公私協力，就是提升永續可能性的一個解決之道。

開發「SDGs de 地方創生」的 PROJECT DESIGN 股份有限公司的品牌經理竹田法信表示,「地方自治團體、企業及團體等,與建設社區有關的主體都有其各自擅長的領域,所以讓各主體發揮其獨一無二的功能是很重要的。因此,行政職員在與民間合作時,必須要『從民間的立場思考』這點,也可透過桌遊來學習」。

立場不同的話,能夠看到的面向及處理事情的方式也會大大不同。實際進行業務時,公私協力的前階段,如果能藉遊戲來進行模擬的話,相信在促進公私協力方面,應該可以成為優點吧!

竹田繼續說,「譬如,為了實現充滿多元性的市鎮再造以及性別平等的目標,那麼『穿對方的鞋子(站在對方的立場)』就非常重要。為了理解跟自己有不同意見的人,學會換位思考,這是加速公私協力的方法之一」。

透過遊戲,除了能夠從他人的觀點來思考,也能夠感受與他人合作的樂趣!

藉著遊戲培養公私協力的觀點

●從「等待」到「行動」

竹田提到,曾經在以引導人身分主持遊戲時,收到了「留意到行政是不能光坐在辦公室」的回饋。

行政單位會收到市民繳納的稅金以及國家發給補助金,所以都是處於「等待」的狀態。這樣容易以是否會有補助金為前提來思考,然後以「沒有預算」當作無法進行業務的理由,沒有採取任何行動,讓時間白白地流逝。

另外根據竹田的說法,即使是在「SDGs de 地方創生」桌遊中,被賦予行政職員角色的參加者(玩家),也不要只是待在原地,要是能在會場四處走動,積極詢問其他玩家的目標及必備要素,然後採取行動,與其他玩家們相互支援來達成目標的話,整個遊戲就能順利進行。而居民如果也同

圖4　竹田法信也負責桌遊主持人的培育。（提供：本人）

圖5　桌遊進行的樣子。職員也都站起來投入當中。

（提供：辻慎太郎）

樣抱著「行政職員應該到我們這裡來」的等待態度，應該也難以順利進行。對於願不願意互相靠近，是會完整反映在現實世界的。

　　過去也曾經是富山市職員的竹田告訴我們，「不管是遊戲還是真實世界，行政職員拿著公家機關名片走入社區，是公私協力的第一步」。

●藉由研習，讓地方自治團體職員有所改變

實際參加的龜岡市（京都府）的職員辻慎太郎表示，「試著站在商家立場來參加遊戲，就能以更客觀角度審視行政單位存在的意義。我認為藉由行政讓地方狀況視覺化，及安排對話的機會，可以加快公私協力的速度」。

聽到「桌遊」這個詞，或許有些人會覺得，要在地方自治團體的研習來實際執行可能會有點困難，但「SDGs de 地方創生」在包括富山市在內的地方自治團體，以及全國市町村國際文化研習所（JIAM）等，許多的市町村職員研習中，都看到實際進行後的成果了。不妨趁此機會，以增加職員間溝通的目的來試試看，你覺得如何呢？

看到竹田傳來「1 滴水滴引起的變化或許很小，但要是能用自己的想法及改變行動所產生微小的波紋，結合大家一起引起的小波紋，那麼就可能會產生很大的變化。透過遊戲去親自感受，公私協力所踏出小小的一步，能夠帶來實際的變化」的訊息，讓人內心感到踏實。

■註釋
註1　高木超（2020）『SDGs × 地方自治團體 實踐指南 活用於現場的知識與方法』參考 pp.29~48
註2　使用複數的卡片組的話，參與人數可達 100 個人以上。

■參考資料
1.　SDGs de 地方創生運營事務局網站〈https://sdgslocal.jp/〉（最後存取日：2021 年 8 月 8 日）

第 **2** 章

從實踐學習
SDGs × 公私協力

案例 1 以循環型水資源再利用系統來提升都市公共衛生

神奈川縣鎌倉市 × WOTA 株式會社

鎌倉市

1 有限的水資源及 SDGs

■距離達成目標還很遠的水資源取得

「水」是屬於有限資源的這件事，對住在日本的我們，或許很少有機會去體會。日本年降雨量是世界平均雨量的一倍以上，多虧在經濟成長的高峰期，充實了自來水管線的基礎建設，現在只要打開水龍頭就會流出能安心飲用的自來水。

但在世界其他地方，這種情形並非理所當然。根據聯合國兒童基金會（UNICEF）報告，世界上 22 億人口無法用到安全的飲用水，而當中又有 1 億 4,400 萬人是使用湖泊、河川、水渠等未經處理的地表水（2017 年當時）(註1)。

圖 1　SDGs 的核心目標 6「潔淨水與衛生」
（出自：聯合國宣傳中心，註 3）

這些課題都跟 SDG 6「潔淨水與衛生」有密切關係（圖 1）。再加上，此次新冠肺炎疫情爆發讓我們重新認識到，用肥皂洗手是最便宜的預防方法。尤其是這與 SDG 6 的細項目標 6.2「在 2030 年以前，讓每一個人都享有公平及妥善的衛生設備，終結露天大小便，特別注意婦女、女童以及弱勢族群的需求」有直接關係。於是在做為測量進度的指標 6.2.1 中，設定了「有水及肥皂的洗手處之人口比例」。從聯合國兒童基金會報告（2017 年）得知，全世界有 30 億人，大約占全世界人口的四成（註2），家中沒有水及肥皂的洗手設備。由此可知，距離目標的達成還有很長一段路要走。

■即使是先進國家日本也難迴避的用水問題

與 SDG 6 有關的一些問題，看來似乎只有欠缺基礎建設的開發中國家才會發生，但如果從永續使用「水」資源這點來看，日本的地方自治體所面臨的課題其實也不少。能否提供安全且放心的水資源，對日本的地方自治體是非常重要的課題。

譬如，在基礎水管線路中，具有耐震性管路比例停留在 40.3%（2018 年）。如果災害發生，水管破損的話，可能就沒辦法使用自來水了。假設在新冠肺炎疫情最嚴重的時期發生災害的話，洗手設備不完善的避難所，極有可能讓病毒的傳染更為擴大。

為解決此狀況，包含架設耐震管路在內，替換在經濟成長高峰期架設的管路也是必須的。因為人口減少或省水技術提升，使得自來水收入減少，所以不可能一口氣就全部更新。下面就來介紹，以公私協力參與的方式來解決此課題的鎌倉市案例吧！

2 對永續利用水資源的公共需求

■與市民、企業「共創」鎌倉市

　　鎌倉市位於神奈川縣的南方，面向相模灣湘南地區。因為保留許多從鎌倉幕府時期所遺留下的寺院，以及具有歷史的宅邸，成為關東地區相當有名的觀光勝地。現在人口大約 17 萬 3 千人（2020 年 11 月），因為有 JR 橫須賀線通過，所以往市中心通勤上班的人很多，具備外圍城市的特點。

　　鎌倉市為了處理複雜的社會課題，很早之前就與許多利害關係人合作，致力於創造新價值的「共創」。在 SDGs 推動方面，被選定為 2018 年的 SDGs 未來都市，並進一步入選地方自治體 SDGs 模範事業，在此方面成為先驅。當然，與市民及企業合作共創也是推動 SDGs 的根基。

　　鎌倉市的企劃部門命名為「共生共創部」，有關 SDGs 推動也是由共生共創部負責的。修定綜合計畫時，舉辦了 4 次市民參與的工作坊，每次大約有 50 位市民參加，在參加者皆具備 SDGs 的概念下，一同擘畫 2030 年理想的鎌倉市模樣，並反映在計畫內容上。全國當中，由多數市民參與綜合計畫制定的例子並不多，大部分都由市政府來主導進行 SDGs 的。除此之外，活用古老民家，在市內作為共創的空間等案例不勝枚舉。

■災害時的衛生維護，自律分散型水循環系統「WOTA BOX」

　　和鎌倉市合作致力「水資源」永續利用的是 WOTA 株式會社（之後簡稱 WOTA）。WOTA 於 2014 年成立，是與東京大學成立的新創公司，企業以「消除人與水的所有限制」為宗旨，主要致力於開發小規模分散型水循環基礎設施。

特別引起全世界注目的，是自主分散型水循環系統「WOTA BOX」的開發。這只有行政機關主管的水處理廠的 10 萬分之一大小，能夠方便搬運的裝置，藉由將排水重複循環過濾，讓 100 公升的水能夠沖澡大約 100 次，可將耗水量減少至平常的 50 分之一。不需進行管線配置，只要確保電源，在短時間就可設置完成，所以在災害發生時能派上用場。根據 WOTA 的說法，運作時的電力消耗跟咖啡機差不多，大概是 500W 左右。

擔任代表董事 CEO 的前田瑤介，回想開發此利用水循環系統之契機，是 2011 年東日本大地震時的親身經歷，他表示「地震發生時，我人在東京都內的友人家，遇到大規模停水。水是只要幾天無法正常取得就會影響生命，不可或缺的東西。但因為自來水公司完全依賴大型系統，這讓我發現，沒有居民故障排除機制的問題」。看來因天然災害導致自來水基礎設施受損，卻只能乖乖等行政機關派員修復的經歷，讓前田有了深刻感受。

「2018 年西日本下豪大雨的時候，聽說在岡山縣倉敷市真備町的避難所有一個星期都無法沐浴，於是帶著 WOTA BOX 的樣品機，前往兩處避難所。我們發現，災害發生將近兩個星期，雖確保了飲用水，但在沐浴等衛生方面卻是無水可使用。雖然地方自治體遵從災害對策基本法，用心準備了防災備用品等，但畢竟能夠準備的範圍也是有限的。」

實際前往受災現場，將 WOTA BOX 以及提供沐浴的「熱水供給、沐浴空間、更衣空間」等設施架設好，而經過改良派上用場的 WOTA，主要是提供給地方自治體使用。設備全部裝備展開的狀態是高 2.4m、寬 3.8m，相當小型（包含 WOTA BOX・帳篷）。而 WOTA BOX 的機身重量，在乾燥狀態雖然有 82kg，但因為附有輪子所以可以輕鬆搬運（圖 2）。

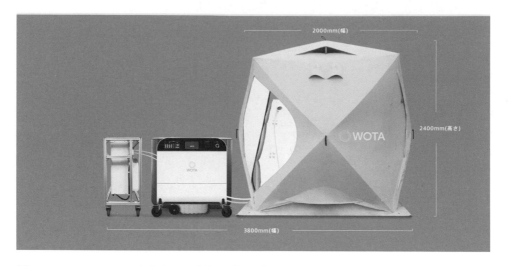

圖 2　WOTA BOX（中）及戶外用淋浴裝備（右）。（提供：WOTA）

■按照地方自治團體的需求來開發及合作

此次的支援經由電視及 SNS 等管道傳播，引起全國地方自治體的注意。前田先生談到與鎌倉市合作的契機，「2018 年 11 月起，以推動 SDGs 的名義，神奈川縣與本公司開始合作。在訪問過黑岩祐治知事有關縣內海岸的排水問題後，開始思考包括鎌倉的由比濱在內，是否有可以在海岸做的事。

鎌倉市內的海水浴場在夏天會吸引許多觀光客，是相當重要的觀光資源，如能解決耗水問題，那麼對 SDGs 也會有所貢獻，在與鎌倉市的松尾市長談過後，2019 年夏天，試驗性的在材木座海水浴場的海之家設置 WOTA BOX，將客人淋浴時使用的水再次利用，減少耗水量。」

另外，因 2019 年 9 月的 9 號颱風，鎌倉市內發生道路損壞及樹木倒塌等災情時，對長時間停電、停水地方所開設的避難所，WOTA 提供了 WOTA BOX 及戶外淋浴裝備。

WOTA 與鎌倉市在 2019 年 11 月締結了「環境與防災社區再造及因應災害的合作協定」,在災害發生時,共同合作以進行因應措施。各地的地方自治體不但已經導入 WOTA BOX,而且展望災害發生時,透過地方自治體間的網絡,就可共同分享的機制。

在 WOTA,災害發生後的數日便前往當地收集情報,正確掌握避難所的狀況,分析應該採取多大的因應規模。

「2019 年因 19 號颱風的關係,前往長野縣的避難所拜訪時,注意到需要用水的地方都是以分開的『定點』方式提供。一般運送支援物資,像是化妝水、洗髮精或是毛巾,就算分批送達避難所,還是會煩惱應該放在哪裡,最後可能沒有獲得妥善運用,但如果有 WOTA BOX 的話,就能把所有跟衛生相關的支援物資跟 WOTA 放在同一個地方。在提供 WOTA BOX 同時,也請成衣製造商等提供毛巾等,以及其他企業的援助物資。另外,不要在聽到受災者的需求後才採取行動,而是要在事前做好防患於未然的準備。」

■有助都市預防傳染的水循環型洗手站「WOSH」

在開發 WOTA 過程中,另一項同樣也引起地方自治體及企業注意的設備,就是能夠在沒有架設水管管線的場所設置水循環型洗手站「WOSH」。WOTA 從 2019 年秋天,開始嘗試製作用來洗手的特殊產品,當 COVID-19 出現擴大蔓延的徵兆時,也就是 2020 年 2 月,看過樣品機的大型飲食連鎖店經營者提出「作為預防蔓延的對策,想在店鋪入口處裝置能提供洗手的設備」,因此加快開發速度,在 2020 年 7 月公開發表 WOSH。

WOSH 是只要有電力及 20 公升的水，就可洗手超過 500 次以上的裝置（圖 3）。用肥皂洗手的時間，厚生勞動省建議要 25 秒，而美國疾病管制局（CDC）則建議 20-30 秒，可見為了確實養成洗手習慣，需要將洗手時間設定在 30 秒。當水開始流出，裝設在洗手台周圍的 LED 燈就會開始發光，30 秒鐘就會熄滅，所以小孩也能開心的洗手。而且手上的智慧型手機能收納在洗手台旁邊的空間，在洗手的 30 秒鐘利用紫外線來殺菌（可有效殺死 99.9% 以上，包括 COVID-19 在內的病毒及細菌）。實際體驗，30 秒要比想像中的要長，或許我們可以從這裡改變洗手的習慣。

而 WOSH 的主機是利用圓形鐵桶做成，不管放在哪裡都不會有違和感。根據 WOTA 的說法，使用圓形鐵桶的理由是，因為屬於規格品，而且是「全世界都能夠取得，便宜又輕，非常堅固的材料」，是能在全世界廣泛使用、生產的方便材料。而且將原本就是「搬運液體」的圓形鐵桶，製作成「水循環」，讓「液體」循環的器具，給人實現了循環型社會的印象。

圖 3　WOSH 的洗手台，水流出來的時候 LED 會發光。

前田說，「希望藉著在街道上就能洗手的這件事，對建構安心度過COVID-19 的社區有所貢獻。因為 WOSH 設置在街道上，可以期待大家都能養成在公共空間也能『經常洗手』的新習慣。」

鎌倉市在 2020 年末至 2021 年初，在 COVID-19 疫情期間，鶴岡八幡宮新年參拜的預防傳染策略，就是在鎌倉車站周邊 6 個地點設置 WOSH（圖 4）。像這樣，配合季節性活動，可以在特定期間將WOSH 設置在必要場所，應該是最有效的作法。

針對 WOSH，WOTA 也希望將觸角伸向因治安問題，導致城市欠缺洗手場所的美國等其他世界各國。

圖 4　設置在鶴岡八幡宮鳥居前的 WOSH。

3 將多元主體當作特殊標準的 SDGs

■讓公共服務最優化的公民共創

關於與 WOTA 的合作，鎌倉市共生共創部長的比留間彰表示，「WOTA 對鎌倉市海水浴場使用淋浴設備所產生的耗水，以及預防傳染病在社區內擴大的課題，每一項都非常慎重地在處理」。

「在往後，『共創』應該會成為市鎮再造的基本吧。面對堆積如山的社區課題，光靠地方自治體要全部解決是十分困難的。鎌倉市投入 SDGs 的理由之一，應該是因為 SDGs 是在與眾多不同的主體進行共創時的共通語言吧。與建構出新價值的企業一起努力解決地方課題，對地方自治體來說，是非常有意義的。」

同時也是企業家的前田認為，對於能夠多方面減少行政機關業務範圍也是非常有意義的。

「我認為公共服務有進行優化的必要。根據地方的不同，有些行政單位所負責的，像是林業團體之間的協調等，業務範圍相當廣泛。不過因為具有行政優勢，若需要進一步介入的話，就由行政單位來負責，而企業能夠負責的公共服務就委託給企業。我想就能優化整個社會公共服務了。」

不光是日常性業務的應對，災害等非常時期的應對也是行政機關負責的業務之一。正因為如此，不應該只由行政機關來負責公共服務，而是要有跟民間業者及居民通力合作，共同解決課題的想法。

圖5　在鎌倉市推動SDGs的共生共創部的飯泉浩二（左）及比留間彰（右）。

■ SDGs 做為主體間溝通之共同語言

　　另一方面，在推動共創時，地方自治體所面臨的難處，比留間提到了「公平性」及「業務分擔的範圍」這兩點。

　　「被選定為SDGs未來都市後，鎌倉市發表現況的機會也隨之增加，所以向企業拋出地方課題，或是企業在發現鎌倉市面對的課題後，會主動尋求合作。但如果從公平性來看，會煩惱應該要與哪一間企業合作。而企業方究竟有多認真想要解決鎌倉市課題的這一點，我想應該會是判斷的關鍵。所謂的『共創』是跟企業一起創造出新的價值。如果事先確定好事業的業務分擔的話，那麼就不會是創造新價值，而只是回歸到過去的委託關係了。」

　　企劃課的飯泉浩二接著說，「如果不是委託關係，就無法知道能夠拜託對方到哪一個程度，可以期待對方做什麼。」飯泉在回想起鎌倉市與WOTA合作共創時，有關SDGs扮演的角色，「地方自治體將地

圖 6 開拓「水」的未來的前田瑤介
（提供：WOTA）。

方課題言語化，當與企業以及其他主體進行協商時，SDGs 可作為共同語言。」

WOTA 的前田也表示「我覺得，最近對永續議題感到有興趣的企業及地方自治體變多了。而且整個社會以 SDGs 為目標，能更順利地共同去了解，社會究竟面對什麼樣的課題」，這代表擁有共同的價值觀，能夠讓溝通更加順暢（圖 6）。

前田表示，與自身經驗值相乘，再來傳播 SDGs 的表達方式，其重點如下：「對實際發生的問題，必須要有親身體驗之後，再用自己的語言來表達對問題的認知。有關防災及傳染病，應該從平時就要去假設，要怎樣運用 SDGs 去應對這些非日常的狀況。」

4 建構面向 2050 年、2100 年的永續供水系統

在持續這些作法時，究竟可以看到怎樣的未來呢？

比留間表示，「能夠預見 SDGs 在 2030 年的期限前會達成，而

在此前階段，也就是 2025 年之前，希望能營造出『任何人在一生當中，都能安心過著自己想要的社區生活』，而這也就是實現共生社會，也以達成碳中和在內的永續都市為目標。另外，聽說在 2030 年，Society5.0 的社區就會實現，若以 2050 年為目標的話，就更要運用最新數位科技，想像希望 2050 年社區發展成什麼模樣，然後進行改造。」

為了實現此目標，飯泉表示，「2018 年度，為了反映在綜合計畫上，所以進行 4 次的市民對話型工作坊。在那時候，再次感受到每一位市民對鎌倉將來的看法。希望能透過這樣的經驗，謹慎聽取市民的聲音，然後反映在鎌倉市的未來。」

另一方面，提供給全國地方自治體新數位科技，對實現鎌倉市未來也有貢獻的前田，談及未來的展望。「雖然 SDGs 目標的期限是 2030 年，但我們希望將眼光放在 2100 年。因為有關水的基礎建設，計畫大概需要 3 年，整備需要 5 年，必須從長遠的觀點來看。因為是希望 2100 年實現的事項，所以必須在 2050 年前完成基本架構，而我們的技術應該能在那個時候派上用場。有些地方自治體的自來水管線再投資雖已迫在眉睫，但卻存在著沒有充足預算的問題。因此為了實現能夠永續提供水資源的目標，但又不會增加社會成本的情形下，請一起思考運用我們的技術來創造『日本之水的未來』。」

■註釋

註 1、註 2　WHO/UNICEF JMP（2019）Progress on household drinking water, sanitation and hygiene, 2000-2017 SPECIAL FOCUS ON INEQUALITIES.

註 3　聯合國宣傳中心網站〈https://www.unic.or.jp/activities/economic_social_development/sustainable_develop　ment/2030agenda/sdgs_logo/sdgs_icon_black_and_white/〉（最後存取日：2021 年 4 月 10 日）

案例 2 協助大都市各式各樣人才的認證制度設計

神奈川縣橫濱市・YOKOHAMA SDGs 設計中心 × 市內企業

橫濱市

1 讓各主體的工作產生有機合作之重要性

SDGs 涉及的領域相當廣泛，因此經常會按照各核心目標其達成目標應採取的行動來檢討。其中相當重要的一項，就是 SDG 17「夥伴關係」如何達成（圖 1）。

與「消除貧窮」（SDG 1）及「消除飢餓」（SDG 2）等能看出具體課題的核心目標不同，SDG 17 是為了支持達成其他核心目標所採取的「手段」。但是 SDG 17 所提到的「與他人的合作（夥伴關係）」，在整體思考那些常被分開討論的問題層面時，卻扮演相當重要的角色。即使是「SDGs 婚禮蛋糕」模型（圖 16），SDG 17 上下雙方向貫穿經濟、社會、環境 3 面向，讓經常被分開討論的「經濟問題」、「社會問題」、「環境問題」能夠相互串聯起來（註2）。

圖 1　SDGs 核心目標 17「夥伴關係」
（出自：聯合國宣傳中心，註 1）

尤其是在細項目標 17.17「依據合作經驗與資源策略，鼓勵及促進有效的公民營以及公民社會的合作」中所提到的「多種主體的合作（多方利害關係人夥伴關係）」，是推動地方 SDGs 時不可或缺的要素。

在地方，不只是行政單位而已，企業、學校、金融機關、市民等各主體也要參與地方課題的解決。讓各主體善用自己所具備的強項一起合作，使主體的投入能發揮最大的效果，讓地方課題更容易解決。

但是對於企業及團體在推動 SDGs 時，行政單位應該建立夥伴關係作為解決策略之一，就是下面介紹橫濱市的企業、團體的「登錄、認證」制度。

2 支援主體間合作的「YOKOHAMA SDGs 設計中心」

■收集不同主體需求的中間支援組織

神奈川縣的縣政府所在地橫濱市，總人口數約 378 萬人（2021 年 8 月 1 日（註3）），人口之多，在日本可說是屈指可數的。橫濱市是政令指定都市，由 18 個行政區所構成。在江戶時代後期，因日美的通商條約而開港的都市之一，歷史久遠，前往橫濱中華街及紅磚倉庫等充滿異國風情的觀光地人潮眾多。

橫濱市被選定為 2018 年度的 SDGs 未來都市，以及地方自治體 SDGs 模範事業。作為核心事業，2019 年 1 月，橫濱市與民間企業一同創立「YOKOHAMA SDGs 設計中心」（以下稱，設計中心）。

　　設計中心是由企業、團體、市民等多種主體共同合作，藉由發揮各自的知識及技術，收集需求及條件，以及協調輔助各主體，解決地方課題的中間支援組織。

■達成 SDGs 獎勵之「Y-SDGs 認證」

　　橫濱市與設計中心合作，在 2020 年開始了稱為「Y-SDGs」的認證制度。以同一個制度，針對投入 SDGs 的市內企業，就「環境」、「社會」、「治理」、「地方」4 個範圍的 30 個項目，使用檢查表來進行自我評價，經過設計中心的訪談之後再給予認證。對於各評價項目的狀況，按照順位區分成「Supreme」、「Superior」、「Standard」三個等級（圖 2）。

　　區分等級之後，就能獲得認證標誌的使用許可，並且在橫濱市的網頁等做的企業形象公關。只要取得前面的認證，在「橫濱市綜合評估得標方式[註4]」的評價項目就會獲得加分，或者成為「YOKOHAMA PLUS 資金[註5]」的對象，對企業來說，具備了相當明確的優點。

■透過登錄、認證制度實現解決課題之「自主良性循環」

　　有關規畫此制度的過程，橫濱市暖化對策總部 SDGs 未來都市推進課的小野寺智香告訴我們，「2019 年，在了解內閣府關於『SDGs 金融體系』的想法後，開始進行登錄、認證制度的討論。因為如果要在考量環境、社會、治理之下來增加 ESG 投資機會的話，那針對企業活動的認證制度就不能延遲，所以立刻著手進行規畫。」

　　而且在討論取得認證企業可享有的優點時，內閣府表示，應該把「能解決地方課題的『自主良性循環』」是如何產生的放在心中，再去思考對策。

小野寺說，「解決市內課題應就能實現良性的自主循環，於是以建構出零碳排社會為目標，在 2021 年 7 月，設立由金融機構組成的『Y-SDGs 金融特別工作小組』，希望能藉著認證制度普及來支援市內企業的方案。」

認證分類	認證分類的說明	認證的優點
最高等 Supreme Y-SDGs **Y-SDGs** supreme ○○○	對 SDGs 有很大的貢獻，不但可期待成為模範，而且在所有評價項目中，有八成以上是居於高水準的企業	·「橫濱綜合評價得標方式」的評價項目可給予加分 · 成為「YOKOHAMA PLUS 資金」的對象 ※ 其他與「Standard」相同
高等 Superior Y-SDGs **Y-SDGs** superior ○○	對 SDGs 的達成有很大的貢獻，不但可期待能有更好的表現，且在所有評價項目中，有六成以上是居於高水準的企業	
標準 Standard Y-SDGs **Y-SDGs** standard ○	在意識到 SDGs 狀況下來進行經營，可期待能有更好的表現，且在所有評價項目中，有三成以上是居於高水準的企業	· 能在名片及企業等網頁出示認證標誌 · 在橫濱市及 YOKOHAMA SDGs 設計中心的網頁等，展示認證事業名稱及進行內容能優先參加由 YOKOHAMA SDGs 設計中心舉辦的各種配對活動及研習會

圖 2　Y-SDGs 的認證分類（出自：參考橫濱市網站 作者整理，註6）

圖 3　橫濱市 SDGs 未來都市推進課的小野寺智香（左）及塚越裕子（右）表示，「因為希望對日本推動 SDGs 有所貢獻，所以如果橫濱市的認證制度能提供全國地方自治體參考的話，那就太令人高興了。」

■認證的申請及認定的過程

Y-SDGs 分成登錄及認證兩個階段[註7]。

首先，企業透過設計中心的網站註冊成該中心會員。只要註冊成會員，就能獲得包括提供 SDGs 相關資料等各種支援（圖 4，STEP ①）。

接著，企業填寫自我確認登錄申請書及檢查表，遞交給設計中心。經過設計中心確認後，登錄的企業名字會刊登在設計中心的網站（圖 4，STEP ②）。

然後，希望取得認證的企業，再向設計中心提出詳細填寫好內容的 Y-SDGs 認證申請書及檢查表 （圖 4，STEP ③）。收到申請書的設計中心，派評估員對企業進行訪談，最後參考專家學者會議所提供的意見做出評估書。以此評估書為基礎，市政府判斷是否給予認證後，再

圖 4　只有註冊完成的企業才能夠申請認證。

將認證通知書寄給獲得認證的企業，之後企業就能使用認證標誌了。獲得認證的企業名稱會同時刊登在市政府及設計中心的網站，讓企業參與推動 SDGs 的訊息眾所周知。

關於以上的會員註冊、登錄、認證等手續是完全免費的。2020 年 11 月以後，大約以三個月一次的頻率接受申請、認證，在 2021 年 8 月，大約有 200 個企業取得認證（第 1 次：29 個企業、第 2 次：119 個企業、第 3 次：52 個企業）。

■首創政令指定都市！ 活用金融機關的融資制度

在架構此認證制度時，也可看到行政單位與民間企業的夥伴合作關係。橫濱市及設計中心，跟三井住友銀行（以下簡稱 SMBC）和日本總合研究所（以下稱，日本總研）合作，進行 Y-SDGs 的制度設計。

橫濱市與 SMBC 在 2019 年 4 月簽署合作協議。SMBC 及日本總研以 ESG 金融方面相關實蹟為基礎，嘗試設計前面提到的 Y-SDGs 以及橫濱型 SDGs 金融支援制度。

2020 年 12 月，SMBC 將橫濱市申請 Y-SDGs 認證時填寫的融資企業資料，如何運用於 SDGs 的作法及非財務情報經估評後，再進行融資(註8)。

像這樣把地方自治體執行與 SDGs 有關的認證制度，運用在金融機構的融資上，可說是政令市的第一個案例(註9)。

地方自治體執行的企業 SDGs 評估制度，有時可能會停留在發給認定證明以及在市網站刊登企業資料。而金融機構制度架構下的融資判斷，不但更有可能執行，也會帶給企業更大的好處吧！

小野寺提到公私協力的效果，「為了促進 ESG 投資，應該設計出哪一種制度呢？如果金融機構能提出行政單位負責人不可能想到的觀點及技術的話，那麼與民間企業合作，就更能發展出實際運用的制度了。

3 以 SDGs 作為共通語言的商業支援

■中小企業可以提供為實現 SDGs 的支援

相較於大都市，橫濱市 2016 年度的企業數量僅次於大阪市、名古屋市，約有 11 萬 5 千家，員工人數達到 148 萬人 (註10)。包括日產汽車株式會社在內，也有其他企業的總公司設立於橫濱市，但整體企業當中，大概 99.5% 是中小企業 (註10)。

這些中小企業是推動 SDGs 重要的一份子。因此，設計中心協助市內企業與企業、行政單位與企業配對，並想出有助於達成 SDGs 的各種計畫。具體來說，提供有關推動 SDGs 以及在公司內部推廣的建議及諮詢給註冊成會員的企業，2021 年 8 月，設計中心有 8 位引導師，在環境及區域，以及與企業的合作提供了各種專業意見。

身為設計中心協助企業的綜合引導師麻生智嗣，在每天跟市內企業諮商的過程中，對 SDGs 這個用語產生新的認識，大多數企業認為 SDGs 本身會與自己公司的經濟利益發生衝突，因此接下來，我們要談談 SDGs 的內容。

麻生表示，「對於不認為 SDGs 與自己公司是有關聯的企業，我很想問他們『要不要試著從貴公司的遠景及理念來思考 SDGs 呢』。有些中小企業對於如何完成企業展望，以及彌補現有缺陷的討論做得並不充分。在這時候，如果使用 Y-SDGs 認證的檢查表，可以開始討論自己公司所面對的課題，以及應該採取什麼行動來解決，那麼就太棒了。」

圖 5 「註冊設計中心的會員超過了 900 個團體，以 SDGs 為共同語言，各企業的需求及條件相互共有，以解決地方課題」，麻生智嗣談到目前的成果。

■透過公私協力產生豐富精彩的專案計畫

設計中心不但致力於認證制度的運用及企業之間的媒合，同時也與市內企業合作，進行各種推動 SDGs 的專案計畫（圖 6）。其中一項就是「YOKOHAMA 木製吸管專案計畫」。

減少塑膠吸管的使用，可解決全世界關注塑膠廢物問題。因此，橫濱市跟市內企業合作，以山梨縣道志村內的橫濱市有水源地的疏伐材為原料，生產並提供木製吸管。

以疏伐材的薄木板捲成吸管的製造過程中，橫濱市 YOKOHAMA SDGs 設計中心除了與市內的身心障礙者社區就業機構合作外，也實際前往市內中小學解說木製吸管，並且舉辦實際製作的工作坊。

在「環境」層面，採取善加利用疏伐材的方法；在「社會」層面則是與社區就業機構合作的方式；在「經濟」層面則是鼓勵市內餐飲店多加利用木製吸管，更進一步，如 SDGs 的細項目標 4.7，實踐「為促進永續發展教育（ESD）」。藉著跟具備行政單位所沒有的技術及創意的企業、團體合作，找出融合經濟、社會、環境三個層面的解決方法並執行。

除此之外，設計中心也有其他專案計畫在進行。譬如，因育兒或照護等原因而難以找到全職工作，或是沒辦法到公司上班的人，運用 ICT 實現遠距且短時間辦公的「show time telework（短時間遠距辦公）」的示範計畫，2020 年開始，與 SoftBank 株式會社合作，讓此方法正式上路。

SDGs 未來都市推進課的塚越裕子笑著跟我們說，「對於聽到參加者說『從育兒生活正式回歸之前，就讓我有了自信』，身為社區市政府職員，能夠實現掌握社區的需求，真的是非常開心。」

圖 6　位於橫濱車站附近的「YOKOHAMA SDGs 設計中心」，展示了木製吸管及短時間居家辦公的說明及成品。

4 從橫濱市展開 SDGs 國際布署

■世界 SDGs 都市網絡中，國內唯一參加的地方自治體

為了與全世界的地方自治體共享資源，橫濱市在 2019 年加入由布魯金斯研究所為推動 SDGs 所設立的網絡「SDGs 領導都市聯盟（SDGs Leadership Cities Network）」，橫濱市是國內唯一參加的地方自治體。

在 2019 年，參加由墨西哥城舉辦的第二次都市聯盟總會的橫濱市美洲事務所副所長谷澤壽和表示，「藉由了解世界其他都市對什麼有興趣，正在做什麼樣的努力，對 SDGs 世界潮流的靈敏度自然會提高。」

「在日本，可以經常看到發揮地方自治體特色，宣傳重點事業凸顯成效的案例，而世界其他推動 SDGs 的都市，則是將都市的 SDGs 狀況數據化、視覺化，再以此為基礎想出更好的政策及事業。如能置身與世界其他都市的討論中，應該能客觀審視日本的做法。」

之後，都市聯盟也持續的頻繁交流，2021 年 7 月發行最佳實務集，其中介紹了橫濱市的做法。谷澤提到，「橫濱市提供了『透過公私協力善加運用橫濱資源、技術之國際技術協力』（Y-PORT 事業），有關藉由都市合作及公私協力來解決都市課題的計畫。比起介紹『做過什麼（What）』我們更重視『應該怎麼做（How）』。」

國內地方自治體在 SDGs 的做法，大多採取發揮地方的特色，開發能廣泛應用的案例，因此共同分享與技術相關的知識，會越來越明顯。作為先驅的橫濱市，或許能夠作為大部分地方自治體的參考吧！

圖 7　充滿熱情的，從國際面推動 SDGs 的谷澤壽和。（出自：Jorge Montes, Mexico City）

■註釋

註 1　聯合國宣傳中心網站〈https://www.unic.or.jp/activities/economic_social_development/sustainable_development/2030agenda/sdgs_logo/sdgs_icon_black_and_white/〉（最後存取日：2021 年 4 月 10 日）

註 2　『SDGs× 地方自治團體 實踐指南 活用於第一線知識及手法』（學藝出版社）參考 pp.17~21

註 3　橫濱市網站「統計資訊入口網站」〈https://www.city.yokohama.lg.jp/city-info/yokohamashi/tokei-chosa/portal/〉（最後存取日：2021 年 8 月 12 日）

註 4　所謂綜合評價得標方式，就是對企業技術能力及雙方價格採取綜合評價後決定得標者的方式。這跟以標準的設計、施工方法為基本，由價格最低的企業得標市現行的競標方式（價格競爭方式）不同，擁有更高技術能力的企業容易得標，因此可期待發揮提升品質，促進企業的技術開發，抑制競標協商等效果。橫濱市對於 3 億日圓以上的工程，原則上是採用綜合評價得標方式來進行（自：橫濱市網站「綜合評價得標方式」〈https://www.city.yokohama.lg.jp.city-info/zaisei/kokyo/sekkei-sekoh/sougouhyouka.html〉（最後存取日：2021 年 8 月 12 日）

註 5　所謂 YOKOHAMA PLUS 資金，就是以「同一事業經營超過 1 年以上企業（包含市內經營歷未滿 1 年）（部分是例外），接受橫濱市的各種認定的企業，以及參與橫濱市各種政策的推動之企業」為對象，由橫濱市主導的融資制度（出自：橫濱市網站「YOKOHAMA PLUS 資金」〈https://www.city.yokohama.lg.jp/business/kigyoshien/yushiseido/jyouken/yokohama-plus.html〉（最後存取日：2021 年 8 月 12 日）

註 6　橫濱市網站「【第 4 次募集結束】橫濱市 SDGs 認證制度 "Y-SDGs"」〈https://www.city.yokohama.lg.jp/kurashi/machiizukuri-kankyo/ondanka/futurecity/20201130ysdgs.html〉（最後存取日：2021 年 8 月 12 日）

註 7　刊登提出資料、制度的詳細內容等請前往橫濱網站〈https://www.city.yokohama.lg.jp/kurashi/machizukuri-kankyo/ondanka/futurecity/20201130ysdgs.html〉確認

註 8　「三井住友銀行與日本綜合研究所做成的獨自評價基準為根本，有關企業的 ESG 層面的作法及資訊公開，以及對 SDGs 的貢獻，方式及資訊公開的適當性，將現狀分析、今後課題、課題解決的案例等進行還原的融資商品」（出自：橫濱市網站，以「政令市初！橫濱市 SDGs 認證制度 "Y-SDGs"」的認證取得為目標的企業，由活用制度的金融機構進行融資。〈https://www.city.yokohama.lg.jp/city-info/koho-kocho/press/ondan/2020/1225ysdgsyuushi.html〉（最後存取日：2021 年 8 月 12 日）

註 9　橫濱市網站，以「政令市初！橫濱市 SDGs 認證制度 "Y-SDGs"」的認證取得為目標的企業，由活用制度的金融機構進行融資。〈https://www.city.yokohama.lg.jp/city-info/koho-kocho/press/ondan/2020/1225ysdgsyuushi.html〉（最後存取日：2021 年 8 月 12 日）

註 10　橫濱市經濟局「用數據看橫濱經濟 2020」〈https://www.city.yokohama.lg.jp/business/kigyoshien/tokei-chosa/date_yokohamakeizai.files/0001_20200328.pdf〉（最後存取日：2021 年 8 月 12 日）

案例 **3** 活用環境債的地方主導型之課題解決方案

石川縣金澤市 × 地方綠色專案支援研究所株式會社

金澤市

---

1 因環境債導致氣候變遷

■氣候變遷產生的危機感及減碳活動

　　我們意識到，氣候變遷對日常生活的影響日益增加。譬如，日本平均氣溫，一百年來上升 1.14 度 [註1]，發生中暑等會影響健康的風險增加了，以及因熱帶、亞熱帶外來品種的擴散，對確保生物多樣性的狀況也令人憂心。

　　氣候變遷的背景是因為使用石油及煤等化石燃料所產生的二氧化碳（以下稱 CO_2），產生溫室效應，所以減少溫室氣體排放量是現今全世界的課題。2020 年 10 月，當時的菅義偉內閣總理大臣提出「在

13
氣候行動

圖 1　SDGs 的核心目標 13「氣候行動」
（出自：聯合國宣傳中心，註 3）

2050 年前，整體的溫室氣體零排放（註2）」的宣言，在國內，氣候變遷的解決對策、減碳議題備受關注。

而在 SDGs，SDG 13 也提到「氣候行動」（圖 1）。此核心目標設定了「強化所有國家對天災與氣候有關風險的災後復原能力與調適能力（細項目標 13.1）」及「將氣候變遷措施納入國家政策、策略與規畫中（細項目標 13.2）」等 5 個細項目標。

■對環境債投入高度關注

在氣候議題受到關注同時，日本的環境省提出具體實現 SDGs 的「地方環境共生圈」。所謂的地方環境共生圈，就是「將各地方的美麗自然景觀等資源善加運用，形成能自主・分散型的社會，根據地方互補特性，將活絡地方特色發揮到極致」（註4），這是 2018 年內閣會議決定的「第五次環境基本計畫」所呈現的概念。

關於地方環境共生圈的社會實踐，近幾年受到注目的是「環境債（綠色債券）」。而綠色債券就是指「企業及地方自治體等，為籌措國內外的綠色專案所需的資金而發行的債券（註5）」。其特徵包括①籌措資金的用途必須限定是綠色專案（作為地球暖化對策及防止自然資本劣化的資金），②確實做好籌措資金的追蹤管理，③前述事項透過發行後的報告來確保公開透明度等。

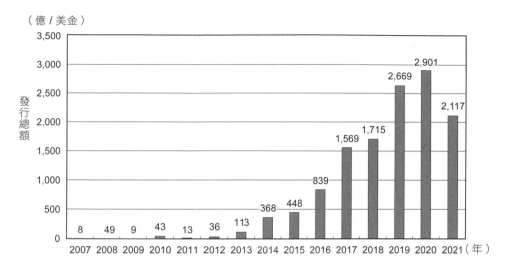

（億／美金）

圖2　全世界的綠色債券發行總額的演變（出自：環境省網站，註6）

　　根據環境省表示，全世界的綠色債券發行總額已高達 2,901 億美金
（2020 年），跟 10 年前（2011 年）的 13 億美金相比，快速增加所帶
來的變化是顯而易見的（圖 2）。國內企業發行額也有 1 兆 170 億日
圓（2020 年）。

■在地方內活用循環方案的環境債

　　這次介紹地方綠色專案支援研究所株式會社（以下稱 LGP 實驗室）
（註7）所進行的「北陸地區地方公共團體完全 LED 化綜合事業」，是與
獨立行政法人鐵路運輸機構、日本郵船株式會社、三菱地所株式會社
等大都會圈的大型企業、法人合作，同時這也是 2017 年度的綠色債券
發行模範事業中，唯一的地方企業。

　　相較於民間企業發行的綠色債券大多是作為自己公司事業及開發資
金使用，而 LGP 實驗室發行的 SPC 綠色債券，則是作為地方自治體委
託環境改善事業作為事業用途的資金，這一點就非常不同。

同社代表董事的澤田浩士表示，「到目前為止，地方都市大規模公共事業都是由東京大型企業拿到訂單，而地方都市的企業通常都是作為外包廠商。就算政府分配資金給地方都市，但大部分資金還是會被大企業收取，最後資金仍回流到東京等大都市圈，地方都市就會越來越沒落。因為想要改變這種狀況，因此創立了 LGP 實驗室的前身『北陸綠色債券株式會社』，建構地方循環型事業方案」（圖 3）。

圖 3　希望能在地方循環型事業方案中，實現地方創生的澤田浩士。

2 活用綠色債券推動 LED 化

■讓地方自治團體依顧客類型設立具特別目地的公司並發行環境債

由 LGP 實驗室進行的「北陸地區地方公共團體完全 LED 化綜合事業」，究竟是什麼樣的內容呢？

首先，金澤市在 2020 年 7 月，由 LPG 實驗室（募集當時是「北陸綠色債券株式會社」）、以及將根據地設立於金澤市的米澤電氣工事株式會社，對「金澤市體育設施等 LED 化 ESCO 事業」提案進行公開募資。跟金澤市簽訂契約，將原本市內 81 間體育館（4 個中小學 74 設施，7 個市立體育館設施）的水銀燈換成 LED，以及負責未來 10 年的維護管理。

在 2020 年秋天，LGP 實驗室跟米澤電氣工事株式會社共同出資，成立特別目的公司（Special Purpose Company，以下稱 SPC（註8））的「北陸綠色債券有限責任公司」。SPC 是以「地方的事情就要以地方民眾為主角」為企業概念，將顧客設定為地方自治體。

2021 年 1 月，SPC 以地方金融機關的北國銀行為認購方，發行環境債（發行額：5 億 8 千萬日圓、償還期間：10 年 6 個月）。以籌措到的資金為本，SPC 與電氣工事公司及設計公司等地方企業簽訂委託合約，從 2021 年 4 月開始進行 LED 化工程。

■建構僅由當地企業負責大型公共事業的方案

過去像這種大型公共事業，通常由包含設計、工程、維護管理、維運管理等業務的大型企業拿到合約，而地區企業則以下游包商承包設計或工程等部分業務。因為必須將管理部分委託給專門經營網絡的大企業，當地企業很難承包所有工程。

然而「北陸地區地方公共團體完全 LED 化綜合事業」，是由 LGP 實驗室建構了全體企業管理的體制。LGP 實驗室與米澤電氣工事成立的 SPC，跟金澤市簽署統包契約，包括了 LED 裝設工程及維護管理等業務，然後再由 SPC 與地方企業簽訂委託合約，最後由米澤電氣與各企業合作一起執行（圖 4）。因複數企業結合成聯盟，所以地方企業就不再只是大型企業的下游包商，而是以「ALL 金澤」投入事業。不是外縣市的大額資本，而是一個讓地方企業更加活絡，提升地方都市永續發展的方案，提升地方都市的永續可能方案（註4）。

　　但是在建構方案過程中，LGP 實驗室卻遭遇各種阻礙。阻礙之一，就是地方自治體的消極態度。2019 年，由環境省選定成為模範事業，舉辦說明會時有許多地方自治體參與。澤田說，前來參加的地方自治體負責人都表示「現在不做也沒關係吧」、「沒有前例」。

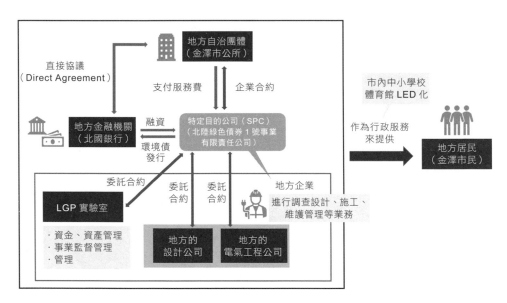

圖 4　LGP 實驗室建構的地方循環型的事業方案

（出自：參考 LGP 實驗室的網站，作者編寫）

■與金澤市合作推動 LED 化

在此狀況下，唯一表示有興趣的地方自治體就是金澤市了。

石川縣縣政府所在地金澤市人口大約有 46 萬人（2021 年 7 月 1 日），是北陸地區的代表都市。像是金澤城址及兼六園，具歷史性的城市景觀，吸引許多觀光客造訪。

金澤市內的體育設施照明大多是使用水銀燈，因 2017 年 8 月「汞水俣公約（註9）」的關係，開始推動 LED 化。根據北國總合研究所（註10）的說法，藉由 LED 化能將用電量及電費、二氧化碳排放量減少至目前的三分之一（圖 5）。這不僅能降低成本，而且減少二氧化碳的排放量在實踐 SDG 13「氣候行動」也有所貢獻。

「金澤市體育設施等 LED 化 ESCO 事業」中的 ESCO 事業，是以「地方自治體將設施設備翻修成節能省電，將後續維護管理交給民間業者，而省下的燃料費用以增加財稅、支付服務費（註10）」的方式來運作。透過 ESCO 事業的導入，金澤市也能在不會對年度財政造成負擔的狀況下來推動 LED 化。而且能讓行政機關權責單位及體育設施原本各自進行的作業一元化，也可期待行政作業能夠簡化（圖 6）。

金澤市環境政策課淨零碳排放推進室長的山田博之告訴我們，「體育設施的 LED 化是以 ESCO 事業來公開徵求。其中在北陸綠色債券（當時）與米澤電氣工事的共同提案中，在公開招募要領中提到了對環境的關心、市內企業參與的方法，以及緊急時應對的組織體制等，優點相當多，經由外部專家學者組成選定委員會的答詢後才採用的。」

節省能源效果項目	現狀	更新後	預估效果（量・額）
電氣使用量	375 萬 kwh/ 年	130 萬 kwh/ 年	245 萬 kwh/ 年度減少
CO_2 排放量	2,150t/ 年	750t/ 年	1,400t/ 年度減少
電費	9,180 萬日圓 / 年	3,210 萬日圓 / 年	5,970 萬日圓 / 年度減少
修繕費	2,800 萬日圓 / 年	0 日圓 / 年	2,800 萬日圓 / 年度減少

圖 5 金澤市內體育設施的 LED 化帶來的環境效果（出自：北國銀行綜合研究所，2021 為參考，作者整理）。

圖 6　LED 化工程（上）及施工後的體育設施照明（下）。

（提供：LGP 實驗室）

3 採用 SDGs 進行多元措施的整理

從 SDGs 的觀點分析,活用綠色債券推動體育設施 LED 化,不但對減少溫室氣體排放量的 SDG 13「氣候行動」有貢獻,而且對達成其他核心目標也有幫助。

譬如,SDG 7「可負擔的潔淨能源」。因為可以透過 LED 化讓一年的電用量比過去減少 245 萬 kwh,可看出 LED 要比傳統水銀燈更加省電。

另外對 SDG 8「尊嚴就業與經濟發展」也有貢獻。過去都是由東京等大型企業來承包大規模公共事業,金澤市的中小企業只能作為下游包商承包工作,但當地企業如能成為主要承包商的話,就能連帶推動 LPG 實驗室方案,可以為地方企業帶來成長及創造雇用機會吧!

其他方面,像是減輕空氣污染物及廢棄物對環境造成的負面影響,就是對 SDG 11「永續城市與社區」有貢獻,或是透過公私協力來推動綠色債券,應該與 SDG 17「夥伴關係」有關。

山田說,如果採用 SDGs 概念,那麼在發表成果時,對外界理解核心目標會有很大幫助吧!

「透過 SDGs,讓居民容易了解市政政策。而且不光單一領域,而是傳達這是與解決各領域課題有關的作法,像在環境政策上,也能涵括『社區再造』及『經濟』的觀點進行討論。就像本事業被內閣府地方創生 SDGs 官民協力平台選定為優良案例,在 SDGs 方面獲得不錯評價,也是受到許多人關注的主要原因。」

4 挑戰將環境債擴大至全國

■唯有活用新手法才能產生新想法

　　如前述活用綠色債券的事業方案，雖然許多地方自治體表示有興趣，但實際用於事業的只有金澤市，因為這跟地方自治體具有公平及獨特性有關。

　　山田告訴我們執行的困難之處及投入的意義，「行政單位在推動事業時，會制定各種限制以求企業選定的公平及公正。另一方面，從自由性及效率性的觀點來看，會感到不足，這也是事實。而且在隨時可接收 SDGs 的全球動向，以及新手法不斷出現當中，我們行政單位並沒有充足時間可以慢慢研究，會因無法活用這些手法而感到兩難。在此狀況下，活用綠色債券這個新手法的經驗，對金澤市來說，是一項非常重要的資產。」

圖 7　「新事業方案如能成為其他地方自治團體的參考，那就太開心了」（山田博之／左），「從研究新事業方案能得到許多東西」（野村勇介／右）。

山田與推動此事業的野村勇介（金澤市環境政策課零碳城市推進室）表示「在日常業務上，因為會有公平性等各種限制，所以地方自治體的確難以挑戰新事業方案。但挑戰這次新策略，實現地方內經濟循環，LED 全部換新等效果，因此我認為踏出第一步的意義重大」，這在地方自治體特殊狀況中，兩位堅定地表示，在地方自治體面對特殊狀況時，挑戰新方案將更有意義（圖 7）。

■公私協力讓綠色債券更具意義

不只是金澤市在實現碳中和及地方創生等面向，全國地方自治體在解決各種課題時，綠色債券究竟能發揮多大的可能呢？

站在行政單位立場推動事業的山田，說出對綠色債券的期待。

「可以發現，如以公私協力方式進行，能促進市內許多企業的經濟活動，而事業的建立是無法單靠行政單位做到的。只依賴行政單位是很難達成事業目的，所以希望企業與居民能共同協商出地方課題的解決之道。這次的事業如能作為先進實例，提供給其他地方自治體參考的話，真的會非常高興的。」

而站在企業方與行政單位合作的澤田，也希望能與全國共同分享此次成功的案例。

澤田帶著振奮的心情說，「舊社名的『北陸綠色債券』，或許聽起來像事業範圍只有在北陸，但我們卻希望能將構想出的方案推廣至全國。為此，將原本『北陸綠色債券株式會社』的公司名稱，變更為『綠色專案支援研究所株式會社』。」

對以實現 SDGs 永續發展目標的地方自治體來說，公私協力下的綠色債券應該是一個很有效的方法。

■注釋

註 1 氣象廳網站「日本季節平均氣溫」〈https://www.data.jma.go.jp/cpdinfo/temp/sum_jpn.html〉（最後存取日：2021 年 6 月 1 日）

註 2 首相官邸網站「第 203 回國會菅內閣總理大臣施政方針演說」〈https://www.kantei.go.jp/jp/99_suga/statement/2020/1026shoshinhyomei.html〉（最後存取日：2021 年 8 月 8 日）

註 3 聯合國宣傳中心網站〈https://www.unic.or.jp/activities/economic_social_development/sustainable_development/2030agenda/sdgs_logo/sdgs_icon_black_and_white/〉（最後存取日：2021 年 4 月 10 日）

註 4 環境省網站「地方循環共生圈之概要」〈https://www.env.go.jp/seisaku/list/kyoseiken/index.html〉（最後存取日：2021 年 8 月 8 日）摘要

註 5 環境省綠色債券發行促進平台「何謂綠色債券」〈http://greenbondplatform.env.go.jp/greenbond/about.html〉（最後存取日：2021 年 8 月 8 日）

註 6 環境省綠色金融入口網站「市場普及狀況（國內、海外）」〈http://greenfinanceportal.env.go.jp/bond/issuance_data/market_status.html〉（最後存取日：2021 年 8 月 8 日）

註 7 舊公司名「北陸綠色債券股份有限公司」，2021 年 8 月更換公司名稱。

註 8 所謂特別目的會社（SPC）就是「事業內容是特定的，以經營某特定事業為目的的公司。按照『特定目的公司之特定資產流動化相關法（SPC 法）』的規定為基礎，以不動產、指名金錢債權等資產流動化為目的的特定目的會社為代表的」（EY 新日本有限責任審查法人網站「用語集、特別目的會社」）〈https://www.shinnihon.or.jp/corporate-accounting/glossary/financial-instruments/tokubetsu-mokuteki-gaisya.html〉（最後存取日：2021 年 8 月 14 日）

註 9 「針對水銀的一次挖掘到貿易、水銀添加製品及製造工程中的水銀使用，排放到大氣層、水及土壤的水銀廢棄物，為了減輕水銀對人類健康及環境的影響等所制定的綜合性條約」（經濟產業省網站「與水銀有關的水俁公約」〈https://www.meti.go.jp/policy/chemical_management/int/minamata.html〉（最後存取日：2021 年 8 月 8 日）

註 10 「北國 TODAY」2021 春號 VOL.102、pp.10-14、一般財團法人北國綜合研究所

■參考文獻

1. 「北國 TODAY」2021 春號 VOL.102、pp.10-14、一般財團法人北國綜合研究所

2. 「地方自治團體通信」VOL.18、pp.20-23、ishin 股份有限公司

3. 聯合國大學永續高等研究所 ISHIKAWA KANAZAWA 作業單位網站「【舉辦報告】SDGs 咖啡＃17 金澤出發！學習能實現經濟的地方循環及減少 CO2 的綠色債券架構！」〈https://ouik.unu.edu/events/4359〉（最後存取日：2021 年 8 月 8 日）

案例 4 產官學金合作，謀求里山里海的保護及經濟之共存

石川縣珠洲市 × 市內企業 ‧ 事業構想大學院大學

珠洲市

1 不只小孩，大人也有堆積如山需要教育的課題

提到「教育」，你會想到什麼樣的課題呢？單就國內來看，霸凌問題及家庭環境所造成的差距等，各種與教育相關的議題幾乎每天都在媒體上演。

那麼全球面臨的挑戰是什麼？SDGs 的 17 項核心目標中，我們來看看與教育有關的 SDG 4「優質教育」之細項目標，應該就能具體想像吧（圖 1）！

譬如，因性別差異使得初等及中等、學前教育的機會受到限制（細項目標 4.1 ／ 4.2 ／ 4.3），以及考慮有無障礙及性別限制，提供安全的教育設施（細項目標 4.a）等。聯合國表示，實際上從 6 歲到 17 歲

4 優質教育

圖 1　SDGs 的核心目標 4「優質教育」

（出自：聯合國宣傳中心，[註1]）

的孩童當中，大概 5 個人會有 1 個人無法上學[註2]。全世界起碼有 5 億兒童、學生是無法接受遠距學習[註3]。而接受教育的對象通常會被誤以為只有「孩子們」，但關於大人們接受職業教育及高等教育的機會，應該也要設定目標，這是非常重要的。

　　下面要介紹的，不但提供多種學習機會，並且將研究成果與新商品開發等經濟領域結合，希望能創造永續社區的珠洲市（石川縣）的公私協力案例。珠洲市設置了產官學金的平台，也就是「能登 SDGs 實驗室」。能登 SDGs 實驗室是一個 Social Hub（社交中心），同時也讓聚集在此的人們相互學習。不光如此，珠洲市在能登 SDGs 實驗室開始之前，就跟金澤大學合作，提供學習能登里山里海的現狀及課題的「里山里海專家養成方案」之教育計畫。

2 朝環境保護及經濟活動共存的方向摸索

　　被選定為 2018 年度的 SDGs 未來都市的珠洲市，位於能登半島前端，約有 13,700 人口（2020 年 12 月 31 日）居住在此。除了以平安時期到室町時期這段期間生產「珠洲燒」陶器聞名外，也保留了豐富的里山・里海的自然。其他像是會出現稱為「KIRIKO」巨型燈籠的「KIRIKO 祭典」也被文化廳認定為日本文化遺產，是在夏天到秋天吸引許多觀光客的大型活動。

對於有豐富的自然環境及文化的珠洲市來說，因少子化、高齡化導致人口減少是目前最重要的課題。珠洲市的人口在 1950 年約有 38,000 人，而過了此巔峰便逐漸減少，預測 2040 年只剩下 7,200 人（註4）。

過去市內也有鐵路經過，但因為乘客減少等原因，在 2005 年停駛，像這樣人口減少對大眾運輸機關的營運也會帶來影響。珠洲市內沒有大學等高等教育機構，大部分從高中畢業的年輕人都會前往城市繼續升學，接著就在城市就業等，因接班人手不足導致產業衰退也是待解決的課題之一。此外能協助「KIRIKO」的年輕人離開，也會對傳統文化的傳承有所影響。

另一方面，富饒的大自然是珠洲市與未來聯結的財產。包括珠洲市在內，能登地區的里山里海由聯合國糧食及農業組織（FAO）認定為 2011 年世界農業遺產（GIAS），獲得全世界極高評價（註5）。

在了解里山里海背景的同時，以學習者本身興趣為主，來進行研究的「能登里山里海專家養成專案」（設立當時的名稱），從 2007 年開始，持續進行了 10 年以上。在同一年，以結合金澤大學、石川縣立大學、石川縣及奧能登 2 市 2 町（珠洲市、輪島市、能登町、穴水町）的「地方再造合作協定」為根據，以能登學舍為據點舉辦市民講座。學習者大部分是社會人士，透過大約 1 年期間的專案，學習有關能登里山里海的知識及經驗，並且以活用地方資源開發產品等作為畢業課題。

■將里山里海及經濟納入同樣關注的 SDGs

與金澤大學合作的事業，對解決課題居先進國家的日本來說，這是值得嚮往的社會模範，並且獲得民間團體給予「白金大賞（註6）」的極高評價。另一方面，金澤市的財經界也期望研究成果能夠回饋於經濟領域。

珠洲市企劃財政課長，同時也是能登 SDGs 實驗室的事務局長金田直之回想時提到，「珠洲市將 2004 年廢校的舊珠洲市立小泊小學校舍，無償借給金澤大學，作為『金澤大學能登學舍』使用，在這裡獲得的研究成果應落實於當地，所以在能登學舍設置附設研究部門。話雖如此，聽到『金澤大學能登學舍』總會讓人聯想到研究機構，給企業及居民難以輕鬆踏進的印象。因此在 2018 年 1 月，市長在拜訪金澤大學校長時，提出要讓能登學舍成為可提供更多人使用的場所，以及變更名稱的建議」（圖 2）。

「在同一時期，聽聯合國大學的永井三岐子說明 SDGs 時，了解到必須將里山里海的『環境』以及市內『經濟』整體考慮。這時發現，在擘劃珠洲市的未來，SDGs 或能成為思考的重要關鍵，為了加快能登 SDGs 實驗室的設置，以及報名未來都市，必須開始行動。」

圖 2　能登 SDGs 實驗室全景（左），以及事務局長且擔任珠洲市企劃財政課長的金田直之（右）。

位於金澤市的國際機構，聯合國大學永續高等研究所 ISHIKAWA‧KANAZAWA 執行單位（以下簡稱 UNU-IASOUIK）事務局長，同時也是能登 SDGs 實驗室營運委員的永井，提到有關珠洲市響應招募 SDGs 未來都市。

「能登的里山里海被認定為世界農業遺產（GIAS），在國內外獲得良好評價，但守護里山里海環境的人們，以及維持經濟運作的人們，看起來像是沒有任何交集，各自做各自的事情。因此在 2015 年，希望能藉由 SDGs，將里山里海與經濟做一連結，創造出新價值，於是開始募集 SDGs 未來都市時，便向珠洲市提出響應招募的方案。」

從金田及永吉所說的可以了解，將原本處於相反關係的「環境」及「社會」的兩面，透過活用 SDGs 而整體考量及討論，然後試著讓它產生相乘效果。

3 產官學金平台加入能登 SDGs 實驗室

■與環境及經濟相關的多元主體參與

2018 年 10 月，珠洲市與金澤大學、珠洲商工會議所合作，以附設於金澤大學能登學舍的形式，成立「能登 SDGs 實驗室」。由金澤大學、聯合國大學等學術機構，以及石川縣（2021 年開始參與計畫）、珠洲市行政機關，珠洲商工會議所、公益財團法人石川縣產業創出支援機構等產業界，以及地方金融機構的興能信用金庫構成了營運委員，以產官學金的多元利益相關者共同合作經營為其特徵（圖 3）。

金田表示，「地方金融機構的興能信用金庫，自 2017 年起便與『能登里山里海專家養成方案』（2012-2019 年）共同主辦『能登里山里海創業塾』為題的創業支援計畫。學生透過此計畫，除能獲得創業所需的經營知識外，畢業生也可得到奧能登 2 市 2 町的『特定創業支援事業(註7)』認定等方案已經完成，所以希望能讓此良好機制繼續下去，而興能信用金庫的參與讓人倍感安心。」

　　特別值得關注的，這些多元行動者並非以業務委託的方式與珠洲市合作，而是站在共同代表及營運委員的主體來參與。在這裡，可以看到珠洲市與學術機構，以及肩負地方經濟重任的人們合作，一起採取行動。就像目前介紹過的，學術機構與市政府的合作體制已經完成，但如

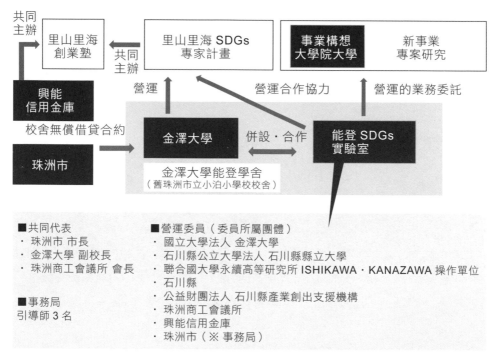

圖 3　能登 SDGs 實驗室有關之利害關係人的關係圖。多元行動者合作，進行事業。

果從為了解決地方課題，而把研究成果直接套用在企業，再與環境及經濟兩層面做結合的觀點來看，SDGs 應該能使其更為強化吧！

■ SDGs 實驗室提供的 4 項功能

能登 SDGs 實驗室具有「對話及相互學習」、「支持」、「SDGs 媒合」及「團隊合作實驗」4 項功能。

第 1 項「對話及相互學習」，舉辦 SDGs 桌遊及工作坊等，安排能從 SDGs 觀點來掌握地方課題的場合。

第 2 項的「支持」，對於想要採用 SDGs 的企業、團體提供實際執行的協助。

第 3 項的「SDGs 媒合」，舉辦跨業交流咖啡廳等，讓領域廣泛的各行業能建立合作關係。

第 4 項的「團隊合作實驗」，是以實驗室組員為實例，進行能夠具體展現 SDGs 工作方式的示範計畫。此計畫由 8 個組織參與，讓來自珠洲市內外各領域的專家成為「合作研究員」，讓他們共同參與平台，這也是能登 SDGs 實驗室的特色，這也就是能登 SDGs 實驗室的組織特色。因為多元主體參與其中，所以不只有行政單位獨自推動事業，而是組成最適當的小組，努力去解決地方課題。各主體的這種「工作方式」，應可說是多元主體（多方利害關係人）為了要達成目標而追求的，最接近 SDGs 的作法吧！

在能登 SDGs 實驗室擔任引導師的金澤大學特任助教的北村健二說「專家計畫的學生並非只有珠洲市而已，也有來自周邊及東京的地方自治體，所以不但能讓能登 SDGs 實驗室的作法推廣範圍更加廣，也能成為一種力量。從基礎開始學習在能登創業時必備知識的『里山里海創業塾』，也是仰賴興能信用金庫的協助才能做到的」，介紹由多方利害關係人參與的能登 SDGs 實驗室的優點。

北村表示，作為能登 SDGs 實驗室的引導師，會跟金澤市內外的多元行動者有所接觸，因此注意到「交通管理」及「從旁支持」兩項業務。

首先是「交通管理」北村告訴我們，有許多人在共同進行某件事情時，以及向能登 SDGs 實驗室提出新想法時，如果引導師在一開始的階段就能掌握「實施的中心主體是誰」、「目的為何」、「是什麼樣的理由提案的」、「在哪個時間之前必須完成什麼事」、「需要多少預算」、「有多少預算」等資訊的話，就會進行的比較順利。

北村接著說「特別是與多數組織及個人有關的案件，將整理過的資訊，以書面方式與所有關係者共享是很重要的。我認為，這樣做應該會讓大家對目標更有共識吧。」

北村繼續說，能登 SDGs 實驗室的特性，比起事業實施的主體，從旁支持多元主體的情形應該比較多。為了讓我們去思考，應該怎麼做才能讓成為主體的人易於活動，就要多多注意「從旁支持」了。

「能登 SDGs 實驗室是由 8 個組織構成的經營委員會。各委員在其本業相當活躍且忙碌，但為了讓能登 SDGs 實驗室真正發揮產官學金協作平台之功能，就需要委員們積極提出方案。」

為此，身為能登 SDGs 實驗室的引導師，就要做到積極向委員募集提案，以及公開提案樣式，並進行各階段的管理等，設計具體流程，創造一個讓委員容易自助提案及指揮的環境。

像這樣透過事務局的充分協調，將有助於能登 SDGs 實驗室的推動。

■朝可反映 SDGs 要素的專家計畫邁進

從 2007 年度到 2018 年約有 200 位畢業生的「里山里海專家養成方案」，也從 2019 年起，更名為「里山里海 SDGs 專家計畫」，在此計畫中，重新安排能更凸顯 SDGs 要素的課程。

北村告訴我們，「在 2020 年計畫改變之後，將 SDGs 納入課程是一項非常大的變化。專家計畫採用卡片遊戲來學習，也是因為 SDGs 這個契機。2030 SDGs 卡片遊戲實際進行在課程上，替課程帶來一股嶄新的風潮。

更進一步，在 2019 年 12 月舉辦開放式課程『能登 SDGs 會議』中，4 位結業者簡報完活動案例後，參加者分成 4 個班，進行以 SDGs 觀點來整理各個案例特色的工作坊，在課程方面下了新的功夫」等，產生一些新的變化。另外自 2018 年度起，專家計畫與能登 SDGs 實驗室作為共同事業體，從各年度的畢業研究中，以 SDGs 觀點選出優秀或是具發展性的研究給予「專家 SDGs 獎勵賞」表彰。

2020 年度得獎的研究，是由松田行正提出的「NOTOGIN（能登人）開發之方法」，因為如此，使得最近在各地備受注目的釀酒職人增加了，並且討論要讓取自於里山里海資源製造的蒸餾酒能夠事業化（圖4）。松田為了讓蒸餾酒製造能在 2022 年以後事業化，在 2020 年秋天，與原任能登學舍幹部的生態學家一起在珠洲市的里山漫遊尋找素材，運用專家計畫的結業生網路蒐集材料。修改計畫後，可以透過學習 SDGs 的觀點，在創造新價值的同時，也要考量經濟、社會、環境三個層面，及藉由 SDGs 的達成來創造事業，這可說是非常大的變化吧！

圖 4　松田行正的研究成果「NOTOGIN」商品化。（提供：松田行正）

■與事業構想大學院大學合作

持續此作法的能登 SDGs 實驗室從 2021 年起，便與根據地在東京的事業構想大學院大學合作，以珠洲市為對象，開始構思能解決社會課題的新事業之實踐計畫「新事業專案研究」。

此專案編制 15 位研究員，他們從基礎開始學習 SDGs 及事業構想，然後創造新事業。研究員有機會參與不同講師的課程，從 2021 年 6 月至 2022 年 2 月，以現場（珠洲市）以及線上共舉辦了 20 場研究會。從研究會學習到如何制定有助於事業持續及成長性的收支計畫，及有關行銷等課程，還能學習有關行銷等課程，可說確實活用了事業構想大學院大學的強項。

有關此計畫開始的背景，金田先生說「是因為東京的 ASTENA Holdings 醫療藥品公司的岩城慶太郎社長在旅行時來到了珠洲，因而

牽起珠洲市與該公司的緣分。岩城社長在事業構想大學院大學以主任研究員身分服務，才有了此次的計畫」。

人口外流區域與城市相比較，少子化及高齡化等情形更為嚴重。但此計畫中，或許能藉由重新思考，某些只有人口外流地方才可能發展的商業，或許可以讓它成為先進的課題，然後再試著開發新事業。能登 SDGs 實驗室在創造事業具專業性的事業構想大學院大學提出業務委託，從經營此計畫開始，非常期待今後還會開創新事業。

4 並非消滅城市而是變成永續的「尖端」城市

■從 SDGs「不拋下任何人」的觀點誕生的商品

能登 SDGs 實驗室到目前為止的研究成果，對都會地方經濟活化有很大貢獻。譬如，從 2020 年開始，在道之驛「狼煙」販售的「豆漿美乃滋」是由能登 SDGs 實驗室積極開發的商品。使用自產自銷的大濱大豆的豆漿製作，希望製作出讓對蛋過敏的人也能品嚐的美乃滋。

這項產品的開發，成為能登 SDGs 實驗室在獨立行政法人中小企業整備機構所經營的，創業家養成租賃設施「ISHIKAWA 大學合作孵化器（i-BIRD）」設置衛星辦公室的契機。同一設施，也有總部設於金澤市的食品廠商進駐，共同開發豆漿美乃滋。另外，能登 SDGs實驗室也成為珠洲市經營「道之驛 SUZUNARI」的 NPO 法人能登SUZUNARI 及食品商之間合作的橋梁，開發梅干、味噌，以及兩種口味的魚醬。這些商品從 2020 年 11 月開始，在道之驛 SUZUNARI 販售。現在 i-BIRD 的衛星辦公室也持續開發新產品。

■行政業務及地方意識的變化

創立能登 SDGs 實驗室已經 3 年了，那麼金澤大學及行政單位與地區等產生了什麼樣的變化呢？

北村告訴我們，「因為創立了能登 SDGs 實驗室，所以比起之前，業務所含括的年齡變得更寬廣。有以小學生為對象所開發的 SDGs 教材，也有以公民館長為對象，舉辦關於 SDGs 的讀書會等，與更多市民一起思考珠洲的永續發展並採取行動。自從成為 SDGs 未來都市之後，珠洲市在發行的「宣傳 SUZU」中，不但談到了 SDGs 的內容，連區公所負責宣傳的職員也開始從 SDGs 的觀點做相關報導」（圖 5）。

能登 SDGs 實驗室在 2020 年度，與珠洲市教育委員會共同合作，以市內所有小學（9 校）高年級學生為對象，進行 SDGs 有關的課程，並且編制公開的 SDGs 教材。像這樣以次世代珠洲市兒童為對象，專業性高的能登 SDGs 實驗室跟他們分享實際觀察到的知識，對珠洲市也是一種鼓舞吧！

而從經濟層面來看，金田表示，已經開始看到設置能登 SDGs 實驗室的成效了。

「IWAKI SAN 株式會社（現 ASTENA Holdings 株式會社）表示，能登 SDGs 實驗室是吸引我們提出『新事業專案研究』的主要原因之一，是因為我們認為，能登 SDG 實驗室會吸引市外企業以及移居者的興趣。」

另外，能登 SDGs 實驗室進駐的能登學舍，加上金澤大學及珠洲市，與進行環境保護活動的當地 NPO 法人「能登半島 ORACCHA 的里山里海」交換備忘錄，與多方利害關係人共同經營能登學舍。在學舍 1 樓，有以地方女性為中心，每個星期六經營的「里山里海食堂 HENZAIMON」餐廳，提供在地食材的傳統鄉土料理。

圖 5　分發給所有住戶的「宣傳 SUZU」也可見意識到 SDGs 的版面。

（出自：「宣傳 SUZU」2021 年 6 月號）

　　HENZAIMON 的漢字是「邊採物」，意思是「在家附近取得的食材」（註8）。這是讓自產自銷的觀念能自然走進生活所做的努力。

■轉換成發掘地方潛力的結構

　　永井也說了接下來的具體展望，「設立後的這 3 年，有許多地方自治體前來能登 SDGs 實驗室進行考察，可以感受到先進的作法已獲得全國良好的評價。今後，為了讓每一位居民能更接近 SDGs，就需要強化居民跟居民、或居民與外縣市民眾間的協作。因為透過線上溝通方式逐漸被接受，所以活用 ICT 的力量來進行，應該也是不錯的方法」（圖 6）。

圖 6　永井三岐子擔任北陸地方
推動 SDGs 的關鍵人物。

（出自：UNU-IAS OUIK）

　　身為珠洲市職員，對地方持續貢獻的金田堅定地說，「直到現在，對珠洲市而言，最重要的課題就是人口減少。但並非就放任讓地方自治體消失，而是要結構轉換成讓居民產生幸福感的永續城市。為此，能登 SDGs 實驗室必須帶頭，將地方變成一個環境與經濟兼顧的城市。我覺得，這麼做可以讓能登地區發揮潛在能力。除了要阻止人口外流，也要設法成為永續發展的城市」。

　　以 SDGs 為契機，希望成為豐饒的自然環境層面，以及為了永續發展所必須的經濟層面都能兼顧的珠洲市，同時也在傳統文化的存續及高品質教育的社會層面帶來加乘效果，這應該能成為因人口外流煩惱的地方自治團體非常好的參考案例吧！

■註釋

註 1　聯合國宣傳中心網站〈https://www.unic.or.jp/activities/economic_social_development/sustainable_development/2030agenda/sdgs_logo/sdgs_icon_black_and_white/〉（最後存取日：2021 年 4 月 10 日）

註 2　UN（2019）「The Sustainable Development Goals Report 2019」p.7

註 3　UN（2020）「The Sustainable Development Goals Report 2020」p.7

註 4　珠洲市（2020）「珠洲市人口願景（修訂版）」〈https://www.city.suzu.lg.jp/data/open/cnt/3/10 36/1/R2_jinnkou_vision.pdf?20200409102005〉

註 5　所謂世界農業遺產，就是「適應社會及環境，由國際聯合國糧食農業機構（FAO）認定，延續好幾世代具獨特性的傳統農林水產業，以及與其息息相關的文化、景觀及海景、農業生物等相互關聯成為一體，從事世界重要傳統農林水產業的地方制度」，日本國內在 2020 年 4 月為止，有 11 的地方被認定（出自：農林水產省「世界農業遺產」〈https://www.maff.go.jp/j/nousin/kantai/attach/pdf/index-3.pdf〉（最後存取日：2021 年 6 月 12 日）

註 6　作為先進國家的日本所面臨的課題，以及創造新可能性會帶來的，以富足且舒適，如白金般，帶著威嚴閃耀著光芒的社會（白金社會）模範為目的所創設的獎，由「白金大賞運營委員會」與「白金構想網絡」主辦。（出自：白金構想網絡網站「何謂白金大賞」〈https://www.platinum-network.jp/activity/pt-taishou/〉（最後存取日：2021 年 6 月 15 日為參考，作者編寫。）

註 7　由特定創業支援事業，在經營講座或創業塾開辦關於經營、財務、人才培育及銷售通路等 4 個領域的課程，對已經創業的，提供減少登記許可稅，增加信用保證上限等優惠措施（出自：珠洲市網站「關於創業支援事業計畫」〈https://www.city.suzu.lg.jp/sangyosinko/sougyousienkeikaku.html〉）（最後存取日：2021 年 6 月 12 日）

註 8　金澤大學能登里山里海 SDGs 專家計畫網站「能登學舍指南～那兩個食堂『HENZAIMON』」〈https://www.crc.kanazawa-u.ac.jp/meister/post/660/〉（最後存取日：2021 年 6 月 12 日）

案例

5 以自產自銷能源創造城市、
山村地區的未來樣貌

愛知縣豐田市 × 三河之山里社區力量株式會社

豐田市

1 擴大再生能源普及，追求資源永續利用

在日常生活中，能源是不可或缺的。在使用照明及冰箱、電視、空調等家電用品時，對住在先進國家的我們來說，不會有任何顧忌，然而，不是世界上所有地方都能如此毫無忌憚的使用。其實，全世界超過7億5900萬人（註1），日常生活中沒電可用。

由此背景可知，為了達成 SDGs 的 SDG 7「可負擔的潔淨能源」需要細項目標7.1「在2030年前，確保所有人都可取得負擔得起、可靠的，以及現代的能源服務」（圖1）。

另外也希望在提高再生能源比例上能夠多做努力（細項目標7.2）。根據能源資源廳的說法，2019年度日本的再生能源電力比例（除水力外）是18.0%，與天然瓦斯（37.1%）及煤炭（31.9%）有很大的差距（註3）。

圖 1　SDGs 的核心目標 7「可負擔的潔淨能源」
（出自：聯合國宣傳中心，註2）

　　對希望能達成碳中和的日本來說，擴大再生能源的普及，應該是與生活息息相關的話題之一吧！接下來，要介紹挑戰讓再生能源普及的愛知縣豐田市的公私協力作法。

2 創造出能源再利用的未來城市樣貌

■次世代能源實現的先驅

　　2018 年被選定為 SDGs 未來城市的豐田市位於愛知縣中部，是一個人口大約 42 萬人（2021 年 8 月 1 日）（註5）的核心都市。希望能與汽車產業一同發展而取名為「豐田市」，這裡是居住許多該公司及相關企業員工的「製造城鎮」。2005 年，編入周遭 6 個町村，面積占了愛知縣整體的 17.8%（註5），城市與山村在同一市域中並存。

　　豐田市在 2009 年，被國家選定為 SDGs 未來城市的前身「環境模範城市」，2010 年被指定為「次世代能源、社會系統的實驗地區」。藉此，市政府與先進企業團體共同設立「豐田市低碳社會系統實驗推進協議會」，以建構低碳社會系統為目標來進行驗證。此協議會在 2016 年 10 月進行改組，之後設立了「豐田市有利社會驗證推進協議會」。

　　協議會的活動內容在於①資源、能源的自產自銷、②超高齡社會的因應方法、③促進交通安全等，為一個由行政單位（豐田市及愛知縣）、企業、學術研究機構等，共計 83 個團體加入的大規模平台。「豐

田市有利社會驗證推進協議會」是針對城市區域，運用先進技術來解決地方課題的角色，主要是要協助民眾移居到豐田市的山村區域，並解決相關課題，與「OIDEN-SANSON 中心」合作，跨越城市及山村界線，實現創造永續城鎮的目標。

■「能源」、「移動性」、「健康」三大支柱

因為有此背景，豐田市將重點放在「能源」、「移動性」及「健康」，積極推動以達成 SDGs 目標。豐田市將能源定義為「不勉強不浪費，輕鬆轉換成低碳生活」，移動性方面則是「任何人都能自由移動」，最後健康，強調「每個人都身心健康，過著有意義且滿足的生活」（註6）。

在能源這個領域，發表了 2019 年 11 月到 2050 年要以淨零排放為目標的「零碳排城市宣言」。為實現零碳排社會，市民、企業家及行政單位成為一體，踏出第一步。

豐田市在 2009 年被選定為環境模範城市時，便立下在 2050 年之前，碳排量要比 1990 年度減少 70% 的遠大目標。在加快往此目標進行的同時，創先利用二氧化碳游離氫的嶄新技術，希望能夠實現碳中和。

■能實際感受能源利用未來樣貌的「TOYOTA Ecoful Town」

讓這個豐田市理想未來樣貌可以更具體親身感受的場所，就是「TOYOTA Ecoful Town」（以下簡稱，環保小鎮）。人們能夠從具 SDGs 意識的各種園區展示，想像未來豐田市的樣貌。

譬如，在填充燃料電池汽車（FCV）的氫燃料充填站，可以獲得有關氫製造及 FCV 的說明。充填站備有氫製造裝置，能夠製造儲存大約 30 輛豐田汽車製的 FCV「MIRAI」分量的氫。實際上，在這個氫燃料

充填站能提供 2021 年 4 月引進，被當作豐田市公車的 MIRAI，以及市內燃料電池式社區巴士來補充氫燃料（圖 2）。

另外，也展示了兩棟運用 IT（資訊科技）來管理太陽能發電的設備及家電，讓家庭能源使用達到最佳化的「智慧住宅」。其中的「車與房連結」，可以看到使用家庭用電源，幫插電式油電複合動力車（PHV）充電的狀況（圖 3 左）。

在環保小鎮，也有事先預約制的導覽。除了適合在人行步道使用的三輪超小型機動車「COMOVE」外，也能試乘超小型電動汽車（C'pod）等[註7]。

圖 2　在市內行駛的燃料電池巴士「SORA」（左），在設置於環保小鎮的氫充填站（右）也能填充氫燃料。

圖 3　在智慧型住家能夠參觀 PHV 充電的樣子（左）。第一次搭乘 COMOVE 的人也能輕鬆操作（右）。

而「HOGARAKA CAFE」餐廳是以自產自銷的概念，品嚐豐田市在地農產烹調料理。連餐廳本身都是使用豐田市當地的木材建造，從頭到尾做得非常徹底。根據市內的縣立豐野高中學生的提案，將午餐的銷售金額一部分用於市內的孩童食堂等，隨處可見為達成 SDGs 所做的努力。

建築物的部分，設有可了解豐田市成立及特色的光雕投影「TOYOTA 投影藍圖」，以及介紹豐田市朝向 SDGs 未來都市所進行的每一項核心目標作法之區域，然後是透過操作平板就能看見豐田市 50 年後的模樣之牆面展示「TOYOTA 時間旅行」（圖 4 左）等，這些都是幫助了解 SDGs 及創造永續社區的作法。

環保小鎮是豐田市以「簡單實現未來」為口號，跨越企業、團體及市民之間的界線，成為能實現 SDGs 及創造永續發展社區的據點。

■活用汽車外部供電功能的「SAKURA 計畫」

豐田市希望在災害發生時能活用次世代汽車，所以正在進行「SAKURA 計畫」。

這是將具備了電池及外部供電功能的 PHV 及 EV 等電動車當作緊急電源使用的一種作法。另外也推動各家庭的自家用車能夠作為緊急電源使用，並且作為設置豐田市避難所時所需的電力，同時也希望公共汽車也具備供電的功能。目前預計在 2021 年度，完成可提供外部供電車輛在 26 個避難所充電的設備。

根據豐田市未來都市推進課的山井一晃先生（圖 5）的說法，同時也是公共汽車的新型 MIRAI，每台可輸出 4,500 瓦特，能供給電熱水瓶及微波爐等大部分的家電產品使用。而且大概可提供一般家庭 4 天的電力。

圖4　在建築物內部，大人跟小孩可以一起開心學習有關 SDGs 的概要及豐田市的作法。

圖5　從左側起，豐田市未來城市推進課的山井一晃、中神泰次、長島奈緒、泉川雅子（前往聯合國地方開發中心）。

3 設立以電力為中心，創造永續可能的山村地方

■解決電力事業挑戰的山村地方課題

另一方面，豐田市轄區約有七成都是山林地，頻頻發生的自然災害會帶來長時間停電風險，另外也有人口外流及高齡化等課題。

為解決山村地區的課題，豐田市與名古屋大學從 2016 年開始，花了 3 年的時間共同進行實驗計畫，讓高齡者在內的所有人都在習慣的地區安心居住、守護、鼓勵外出、支援移動之「互助計畫」。之後，這個計畫由「三河之山里社區力量株式會社」（以下簡稱 MY POWER）繼續執行。MY POWER 是由豐田市、中部電力株式會社（以下簡稱中部電力）以及一般社團法人三河之山里課題解決公司，跟以市長為會長的「豐田市有利社會驗證推進協議會」締結協定為基礎，主要是以推動新電力的零售及解決地方課題為目的，將解決地方課題的模式，持續用於「互助計畫」。

■設立讓地方電力不外流的調度架構

從 MY POWER 委託專家進行的統計調查得知，過去豐田市的山村地方（含準山村）每年支付給地方外的電力公司 25.5 億日圓電費（註9）。MY POWER 設法突破此狀況，希望能使用新電力實現地方內經濟循環。

MY POWER 的專務董事萩原喜之表示，「在山村地區，土地所有人不願除草、放棄耕作的土地增加等，伴隨高齡化產生了一些問題。而想要解決這些課題就需有足夠的資金，所以注意到過去外流到地區外的電費。因此，希望能藉由成立電力的零售公司，以販售電力的收入來解決地方課題。」

依據前述協定，中部電力將電力事業所研發的技術活用於 MY POWER，而豐田市則向 MY POWER 購入山村地方公共設施所需的電力（約 700 契約容量），讓 MY POWER 在解決地方課題的事業上，有更穩固的經營基礎（圖 6）。

豐田市未來城市推進課的中神泰次課長告訴我們，「希望能夠讓原本是電力供應商的大型電力公司，變成 MY POWER 的這個作法，能夠為解決山村課題帶來成效。」

目前是由 MY POWER 在地方內販售系統電力，希望將來能以設置於各聚落的太陽能及小型水力設備進行小規模發電。

關於 MY POWER 的事業能順利進行的原因，MY POWER 董事的關原康成說，「敝公司大概有兩年的時間，在每週舉行的經營會議上，請豐田市、中部電力參加旁聽，希望資訊共享，讓事業能夠發展。就因為這樣不斷地累積，才能建構出良好的關係（圖 7）。」

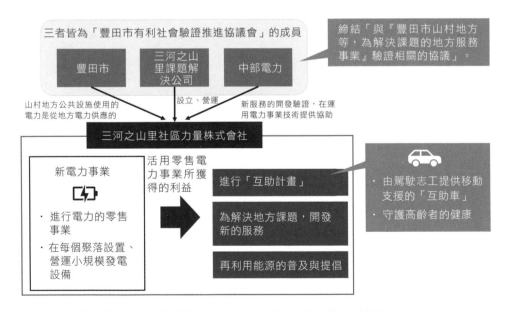

圖 6　根據協定架構出為解決山村地區課題的公私協力制度。（註8）

圖 7　關原康成（左）與萩原喜之（右），討論「針對人口外流及高齡化等山村地方所面臨的課題，能跟地方一起想出解決方法是很重要的。」

■致力於維持山村地方移動性

對山村地區來說，尋求高齡者移動方式也是相當重要的課題。因為在公共交通設施不完善的狀況下，對家裡沒有汽車的高齡者來說，購物或就醫時會非常不方便。

考慮到高齡者的需求，提供安全且便宜的永續發展運輸系統，就是在 SDG 11「永續城市與社區」下的其中一個細項目標（註10）。而 MY POWER 所進行的「互助計畫」，一樣具備了守護居民生活及鼓勵外出等功能，也被賦予協助移動的角色。

譬如，利用媒合系統，由地區駕駛志工協助高齡者以共乘方式移動的「互助車」就是其中之一。使用者能夠以當地商品券交換來的「互助點數」支付給駕駛志工作為燃料費。在一開始，希望高齡者能使用平板等行動裝置下載 APP，然後再透過 APP 預約叫車，但從 2020 年開始，也可以直接打電話到辦公室預約。

如以上所述，關於豐田市「電力（能源）」、「確保移動方式（移動性）」、「福祉（健康）」三項重要領域的多元公私協力計畫，萩原表示「可確實感受到 SDGs 的實現」。

4 從普及 · 啟發展開自律的執行步驟

■自產自銷的能源再利用之示範性項目

豐田市同時也施行「SDGs TOYOTA 再利用能源挑戰」，把市內的清掃工廠渡刈清潔中心的廢棄物發電設施及面之木風力發電廠所產生的電力，運用在市內公共設施，以及民間企業的工廠、辦公室等。

2020 年 1 月，渡刈清潔中心是全國第一座被認定為廢棄物發電設施的綠色電力發電設備（註11）。

從能源再利用所獲得的電力，不只具備電的價值，同時也有二氧化碳零排放的「環境價值」。豐田市注意到這一點，於是設計出能證明渡刈清潔中心發電電力環境價值的「綠色電力憑證」，企業可以向發行商的日本自然能源株式會社購入，與自己企業活動所產生的二氧化碳抵銷（註13）的架構（圖 8）。此作法不只利用能源本身，也有效利用其所產生的環境價值。

實際上，隸屬於日本職業足球聯賽的足球會 · 名古屋鯨魚以「零碳排挑戰」為主題，購入市立藤岡南中學校太陽能發電設備的「綠色電力憑證」，抵銷 2019 年夏天在豐田體育場兩場公開比賽的電力。購買憑證的費用，是以支持者購買名古屋鯨魚周邊商品的收入支付，這也是在尋求市民參與有所貢獻。

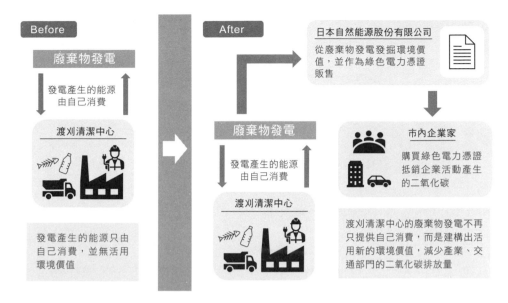

Before
廢棄物發電
發電產生的能源由自己消費
渡刈清潔中心

發電產生的能源只由自己消費，並無活用環境價值

After
廢棄物發電
發電產生的能源由自己消費
渡刈清潔中心

日本自然能源股份有限公司
從廢棄物發電發掘環境價值，並作為綠色電力憑證販售

市內企業家
購買綠色電力憑證抵銷企業活動產生的二氧化碳

渡刈清潔中心的廢棄物發電不再只提供自己消費，而是建構出活用新的環境價值，減少產業、交通部門的二氧化碳排放量

圖 8　渡刈清潔中心的提供環境價值方案（註 12）

■多元夥伴一起研究 SDGs 的經濟層面

豐田市為達成 SDGs 目標，將有意參與市政府各種相關活動的企業、團體登錄為「TOYOTA SDGs 夥伴」的制度（圖 9）。

登記成為 TOYOTA SDGs 夥伴的企業及團體，到 2021 年 8 月底為止已經有 338 個了。這些企業團體夥伴表示，為了達成 SDGs，已經在思考自己能夠採取的行動，並且積極地展開活動。

圖 9　登記「TOYOTA SDGs 夥伴」的企業、團體可以使用的標誌。（提供：豐田市）

關於從推廣階段開始，登錄團體大幅增加，並且發展至主動參與活動這點，豐田市未來城市推進課的長島奈緒說了以下這段話。

「我認為，從重點放在推廣階段開始，已經穩健地進展至市內企業、團體自發採取行動的階段。今後希望能朝擴大投融資機會等，建構一個涉及經濟層面的認證制度，並且跟地區內的經濟循環有所連結。」

豐田市在以 SDGs 普及為目的而增加企業「登記」的這個階段，建構了一個有助於獲得金融機構融資，以及把 SDGs 當作媒介來進行商業配對的「認證」制度。希望能從 2023 年度開始，進行地區內自律良好循環的認證制度。

像這樣，確認好每個步驟，並運用各種不同推動方法的豐田市，能夠解決包含都市及山村，涉及範圍較廣的市域課題。

■注釋
註 1　聯合國宣傳中心網站「永續發展（SDGs）報告 2021」〈https://www.unic.or.jp/activities/econo mic_social_development/sustainable_development/2030agenda/sdgs_report〉（最後存取日：2021 年 10 月 2 日）
註 2　聯合國宣傳中心網站〈https://www.unic.or.jp/activities/economic_social_development/sustainable_development/2030agenda/sdgs_logo/sdgs_icon_black_and_white/〉（最後存取日：2021 年 4 月 10 日）
註 3　資源能源廳網站「日本的能源 2020 年度版『了解能源的現在之 10 項提問』」〈https://www.enecho.meti.go.jp/about/pamphlet/energy2020/〉（最後存取日：2021 年 9 月 4 日）
註 4　所謂碳中和是指「包括二氧化碳在內的溫室效應氣體的『排放量』減去森林等的『吸收量』後，實質的總和為零」（出自：環境省減碳入口網站「何謂碳中和」〈https://ondankataisaku.env.go.jp/carbon_neutral/about/〉（最後存取日：2021 年 9 月 18 日）
註 5　豐田市網站「這樣的城市 TOYOTA（市的概要）」〈https://www.city.toyota.aichi.jp/shisei/profile/1029019/index.html〉（最後存取日：2021 年 9 月 4 日）
註 6　豐田市「豐田市 SDGs 未來城市計畫（2021~2023）」
註 7　超小型電動汽車「COMS」的試乘體驗需要有一般汽車駕照。
註 8　參考豐田市「有助於豐田市山村地域等課題解決的地域服務事業」的驗證相關協定之簽訂 媒體機構發布資料．參考資料〈https://www.city.toyota.aichi.jp/_res/projects/default_project/_page_/001/031/592/02.pdf〉，作者編寫
註 9　三河之山里社區力量股份有限公司「MY POWER NEWS」創刊號，2021 年 2 月。
註 10　細項目標 11.2 設定「在西元 2030 年以前，為所有人提供安全的、負擔得起、可使用的，以及可永續發展的交通運輸系統，改善道路安全，尤其是擴大公共運輸，特別注意弱勢族群、婦女、兒童、身心障礙者以及老年人的需求」。
註 11　包括「非以石油、石炭、天然瓦斯等石化燃料發電」在內，符合一般財團法人日本品質保證機構所定要件的綠色電力發電設備中，對於符合認定要件的設備給予發電設被認定的認定證書（一般財團法人日本品質保證機構「綠色電力認證基準」）〈https://www.jqa.jp/service_list/environment/service/greenenergy/file/flow/power_standard.pdf〉（最後存取日：2021 年 10 月 6 日）。其他像是由地方自治團體為申請者的綠色電力發電認定設備，風力有橫濱風力發電廠（神奈川縣橫濱市），水力有森之崎水資源再利用中心（東京都下水道局）等。
註 12　參考豐田市網站「媒體發表資料 全國第一 渡刈綠色中心的廢棄物發電設備認定為綠色電力發電設備」所附上的資料〈https://www.city.toyota.aichi.jp/_res/projects/default_project/_page_/001/037/450/01.pdf〉整理而成。
註 13　所謂抵銷「關於日常生活及經濟活動中，難以避免會產生的二氧化碳等的溫室氣體，首先要努力減少排放量，而對於必定會排放的溫室氣體，則依照排放量來投資減少溫室氣體的活動，與排放出的溫室氣體相互抵銷的作法」（出自：環境省「碳抵消」〈https://www.env.go.jp/earth/ondanka/mechanism/carbon_offset.html〉）

■參考文獻
1. 豐田市「SDGs 概念書 創造普通的未來」
2. 豐田市「TOYOTA SDGs 最佳作法」

案例 6 克服當地企業經營課題及促進創新

滋賀縣 × 財經界 × 金融機構

滋賀縣

1 支撐日本的中小企業及 SDGs

■日本企業以中小企業為主

知道在自己居住的市鎮有幾家企業嗎？說不定所有日本人都知道，那就是沒有所謂的大企業。

但是在市鎮卻有許多的企業活動，提供我們工作的機會，讓生活更加方便。包括 SDG 8「尊嚴就業與經濟發展」在內，有許多細項目標的設定是以企業為對象，如果想要建構永續發展社會，那麼能夠跟行政機關及居民一起思考地方未來的企業，對市鎮而言就非常重要了（圖1）。

圖 1　SDGs 核心目標 8「尊嚴就業與經濟發展」

（出自：聯合國宣傳中心，註1）

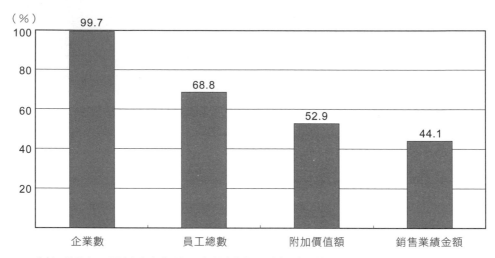

資料：總務省・經濟產業省「平成 28 年經濟普查・活動調查」編寫

（註）1. 民營、非第一次產業的合計

（註）2. 企業數、員工總數是 2016 年的實際成果，附加價值額、銷售業績金額是 2015 年的實際成果

圖 2　2016 年，中小企業的數量占日本國內總企業數的比例

（出自：中小企業廳『2019 年度版 中小企業白皮書，註2』）

　　日本的企業總數量有 99.7% 是中小企業。而且中小企業的員工數占整個日本企業將近 70%（註3），所以這份力量對 SDGs 來說，是不可或缺的（圖 2）。

■對 SDGs 認知及行動落後的中小企業

　　在中小企業中，也有許多企業投入 SDGs 的推動。但是跟擁有豐富資訊及資金的大企業相比，似乎會遇到較多困擾。

　　經濟產業省關東經濟產業局以 11 個都縣（註4）為對象，在 2018 年 10

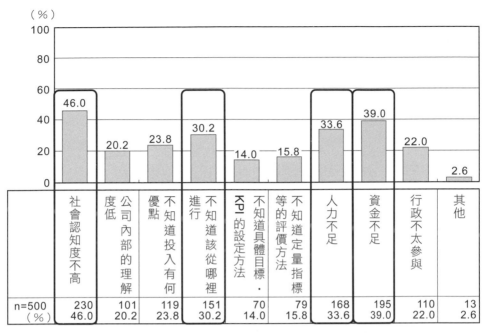

	社會認知度不高	公司內部的理解度低	不知道投入有何優點	不知道該從哪裡進行	不知道具體目標‧KPI的設定方法	不知道等的評價方法	不知道定量指標	人力不足	資金不足	行政不太參與	其他
n=500	230	101	119	151	70	79	168	195	110	13
（%）	46.0	20.2	23.8	30.2	14.0	15.8	33.6	39.0	22.0	2.6

※ 上方為回答數（可複數）、下方是回答企業占所有接受調查企業的比例

圖 3　投入 SDGs 時的課題　（出自：關東經濟產業局 ‧ 一般財團法人日本立地中心「中小企業的 SDGs 認知度 ‧ 實際狀態等調查結果概要，WEB 問卷調查」，註5）

月進行的「中小企業的 SDGs 認知度 ‧ 實際狀態等調查」得知，500 間接受調查的企業中，84.2% 回答「對 SDGs 完全不了解」。而回答「已經採取應對措施及行動（1.2%）」及「正在討論應對措施及行動（0.8%）」的企業，總共才只有 2%。

　　而中小企業在對於「投入 SDGs 時的課題」，回答「社會認知度不高（46.0%）」的比例最高，其次分別是「資金不足（39.0%）」、「人力不足（33.6%）」、「不知道該如何進行（30.2%）」（圖 3）。

從這份調查可知，對於想要投入 SDGs 的中小企業，需要一個能提出該如何進行的建議，以及提供諮詢的陪伴者。換句話說，能有陪伴者一同解決關於資金與人才的課題，是中小企業推動 SDGs 的關鍵。

有像這樣的實例，是與調查同一時期設立，稱為「SHIGA 中心」的「滋賀 SDGs × 創意中心」（以下簡稱 SHIGA 中心）。

2 行政、財經界熱烈催生的策略組織

■設置「SHIGA 中心」

「SHIGA 中心」的所在地滋賀縣，在都道府縣中是最早開始推動 SDGs 的。其起頭是在開始選定 SDGs 未來城市的一年多以前，可以追溯至 2017 年初。滋賀縣知事的三日月大造在新年致詞表示「因為我們滋賀縣有琵琶湖，所以要在創造以琵琶湖為中心，與大自然環境共生，與所有人共生的琵琶湖新時代的目標下，讓 SDGs 能夠具體呈現『新豐饒』這個創新概念。」

在那之後的 2018 年 3 月，滋賀經濟同友會向滋賀縣知事提出「SHIGA 策略的 CSR 經營模型 2030」的建議。這指的就是「為了確立符合 21 世紀的『滋賀產業模型』，將 2030 年滋賀『希望成為的樣貌』放在心上，知道需要解決的社會課題，並且善加利用自己公司的強項，建構出嶄新經營策略的商業模型新方案」。參考這樣的建議，提出設立「SHIGA 中心」的想法。然後從 2018 年 4 月起，為設置滋賀 SDGs × 創意中心建立準備處，經過半年準備，10 月份「SHIGA 中心」開張。

在行政機關方面，負責管理「SHIGA 中心」的滋賀縣商工觀光勞動部商工政策課課長輔佐的今井透提到它的意義，「不但能提升投入 SDGs

的縣內企業本身價值，而且也有助於創造新商機，有助於活絡本縣經濟。對想進入積極參與 SDGs 及社會貢獻的企業工作的學生來說，如果縣內有更多像這樣的企業的話，那麼不只是東京或大阪了，滋賀縣內的企業也會是就業的選項之一，年輕的外流人口數也會減少（圖 4）。」

　「SHIGA 中心」位於縣內商工團體及勞動福祉團體聚集的設施「協作 SHIGA21」內，跟支援新創的「創業 office」等設置於 4 樓。「SHIGA 中心」是設有 3 年時限的組織，以執行委員會的形式，負擔人員及資金。辦公室是由滋賀縣、滋賀銀行、關西 MIRAI 銀行派來的職員所組成，藉由行政單位與財經界合作進行。經營所需的資金是由縣及財經界（滋賀經濟同友會）各出一半。

　今井回想起設立的過程，告訴我們「要是能藉由公私協力達成 SDGs 的話，那即使是人事與預算等限制較多的行政制度、系統，也是有改革的可能性的。」

圖 4　手拿內閣府的優良實例表彰的滋賀縣商工政策課的今井透（中）。

■善加運用產官金合作的優勢來支持 SDGs 的達成

SHIGA 中心是以「創造能解決社會課題的事業吧」為口號創立，協助活用 SDSs 投入新創。作為產官金的平台，讓職員都能發揮各自強項。

譬如，滋賀銀行、關西 MIRAI 銀行調派來的職員，因為擅長於跟企業進行協調及處理業務，所以適合負責創新的活動，而從滋賀縣調派的職員，可以負責 SDGs 的推廣等，各自在擅長領域協作。

從縣調派來在 SHIGA 中心工作了 2 年半的國友圭子說，「比起企業帶來課題的來店型，主動向企業提出課題的類型比較多，在了解企業擅長領域及傾聽想法的同時，也會刻意引導企業的課題意識。」

3 支持把焦點放在推廣 SDGs 的當地企業

■希望 SDGs 能滲透到企業的五項活動

接下來介紹五項具體執行的活動吧！

① 新創活動

SHIGA 中心以建構出能解決滋賀縣社會課題的商業模型，以及符合 21 世紀的新商業模型為目標，善加運用企業強項，協助創新活動。例如，蕈菇栽培事業所需的材料、製造、栽培、消費到廢棄，全部都在縣內完成，而在此循環模型中，安排能讓高齡者及身心障礙者工作場域的「以生產木耳為核心，建構地方循環經濟的專案」，總共有 36 個專案(註8)在進行。

② 支持專案活動

進行解決縣內社會課題的專案時，如果能有部分經費資助，那麼為達成 SDGs 所進行的相關商業活動範圍將會更廣泛。從 2018 年至 2021 年，總共進行了 4 個專案的資助。

③ 推廣活動

在縣內企業推廣 SDGs，到目前為止已經舉辦了 8 次研討會、工作坊。在 SHIGA 中心成立 3 個月之後的 2019 年 1 月舉辦第一次，一直到最後一次 2021 年 1 月，進行 SDGs 的地方推廣（註9），以及適合企業走向商業 SDGs 的重要主題。

④ 支持 SDGs 宣言的活動

所謂 SDGs 宣言，是參考 SDGs 17 項核心目標，分析自己公司需要優先進行的項目，向公司內外公開發表公司對 SDGs 所採取的行動方針。滋賀縣內發表 SDGs 宣言的團體數量，在 2018 年 3 月只有 7 個團體，到了 2021 年 3 月已增加至 100 個團體。SHIGA 中心就完成 SDGs 宣言的過程，簡單扼要地分成了三個步驟，可提供其他地方自治體參考（圖 5）。

首先在步驟 1 的「事業分析與檢討」。在理解 SDGs 後，將各事業與 SDGs 17 個項目做連結，評估將來會對社會產生的影響，按照優先順序決定課題。

接著在第 2 步驟的「重新審視事業方針，制定計畫」，針對第 1 步驟所分析的課題來設定目標。

最後的步驟 3「公開發表 SDGs 宣言」。將制定好的 SDGs 宣言在自己公司的網站等平台公開發表，這樣能讓更多的員工明白，SDGs 不只是對外表態而已，同時也是公司內部的共同目標。

 **SDGs 宣言的 3 步驟**

STEP1 事業分析與檢討	STEP2 重新審視事業方針並制定計畫	STEP3 公開發表 SDGs 宣言

在理解 SDGs 後，將各事業與 SDGs 的 17 個項目做連結，評估將來會對社會產生的影響，按照優先順序決定課題。	針對課題，作為企業應該設定什麼樣的目標。目標應該依據企業重視事項的優先順序設定，同時也要跟 SDGs 做整合。	將制定的 SDGs 宣言，透過自己公司的網站等，向公司內外公開發表。期待每一位社員都能理解 SDGs 的執行方針。

圖 5　SDGs 宣言的 3 步驟（出自：參考 SHIGA 中心網站，註 10，作者編寫）

　　「SHIGA 中心」將制定宣言的明確作法，以體系來呈現，這樣應該能讓縣內企業更容易採取行動吧！

⑤ 滋賀 SDGs × 商業表彰

　　到目前為止，SHIGA 中心所關心的不單只有事業，同時也跟以解決社會課題為目標的縣內企業合作，辦理以商業為對象的「滋賀 SDGs × 商業表彰」。有 13 個企業團體獲獎，其中 7 個企業團體的事業與「SHIGA 中心」有關。

　　此表彰制度能促使獲獎企業加快推動，而且也能成為縣內其他企業想要投入 SDGs 的契機。

■協助團體在作法上加入新觀點

接受「SHIGA 中心」協助而加快進展的團體，包括了社會福祉法人
WATAMUKI 里福祉會（以下簡稱，WATAMUKI 里）(註11)。這是位於
滋賀縣東南部的日野町中的 WATAMUKI 里，以障礙者就業輔導設施
的營運為中心，支援身心障礙者生活及就業。

WATAMUKI 里在 2011 年設置了地區資源回收站「環保巨蛋」，可
回收處理廢紙及寶特瓶等 18 個項目的資源回收。啟用 10 年之後，現
在能夠處理一半以上當地居民所丟棄的可回收再利用資源，就像是社
區的環保中心。

環保巨蛋所回收的資源，盡可能會在地區內進行再資源化。譬如，
回收炸天婦羅的油會由當地企業再資源化，運用於社會福祉設施使用
的迎賓車之生質燃料。此作法實現了「SHIGA 中心」企畫中，紀戶健
治所建議的案例。其他像是，跟滋賀縣內的企業合作，將回收的寶特
瓶容器再利用做成地毯的事業。這些作法不但能夠實現淨零排放的目
標，對於達成 SDGs 也有貢獻。

透過跟「SHIGA 中心」合作，在寶特瓶再資源化的作法上，加上「地
區內循環」的觀點，實踐「收集（寶特瓶）→碾碎→商品化→販售」
一連串的流程全都能在滋賀縣內完成的「寶特瓶資源・地區循環專
案」。此作法不僅獲得好評，並且在前面提過的「滋賀 SDGs × 商業
表彰」中，WATAMUKI 里獲選優良獎。

「SHIGA 中心」在其他地方播下的種子也確實發芽了。國友表示
「譬如，有企業的幹部取得 SDGs 桌遊引導師資格，我想這是因為有
『SHIGA 中心』在背後支持 SDGs 及企業，才慢慢地有成果出現。以
我本身來說，透過業務所累積協助企業的經驗，即使是轉調到其他單
位，也能以創造跨業界合作的角度來掌握業務。今後從實現性別平等
的視點，期待縣內女性創業家增加（圖 6）。」

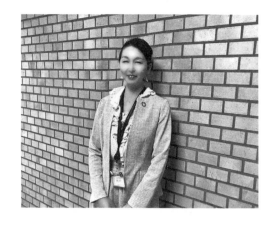

圖 6　從設立到開始營運，全心投入「SHIGA 中心」的滋賀縣職員國友圭子。

4 因廣域地方自治體才能做到大範圍的牽線合作

■順應潮流的長期觀點

SHIGA 中心已成立 3 年多了。在設立產官金平台，推動措施的過程，是否已經累積了在面對課題時，知道採取什麼樣行動的見識了呢？

過去所沒有的公私協力平台的「SHIGA 中心」在設置的討論階段也收到應該考慮成本效益的意見。

滋賀縣企畫調整課的辻勝郎告訴我們，「在討論 SHIGA 中心的設置時，有一些希望能符合成本效益的意見。為了讓成本效益明確顯示出來，就不得不展現定量效果了。這樣一來，行政單位就必須追求像是『企業媒合件數』那樣，讓人容易理解的數字了。但 SHIGA 中心所追求的並不是眼前的數字，而是將眼光放在實現高品質的措施，將焦點放在解決社會課題上。而且不但有像滋賀經濟同友會的『新綠色成長社會研究會』，在財經界提供助力，同時能獲得知事的理解也是相當重要。就像知事在 2020 年新春致詞中，提到『改變（Change）、機會

（Chance）、挑戰（Callenge）的一年』，而且正如東京奧林匹克運動會等大型活動即將到來，因此 2018 年可說迎來一個 "萬載難逢" 的機會。」

■活用廣域地方自治團體的網絡來發掘人才及維護環境

像能幫企業及 SDGs 進行媒合的「SHIGA 中心」這樣的據點，是否對所有的地方自治體都能發揮功能呢？

今井表示，「絕對有讓各都道府縣的各種企業、團體能實現 SDGs 商業的關鍵人物。但他們可能分散在都道府縣內各處。這些人能在寬廣範圍中掌握到社會課題，創造容易投入 SDGs 商業的環境，製造引起動機的機會，而這些，不就是行政單位應該負責的任務嗎？」

國友針對以上將這些據點設置在都道府縣，以及設置在市町村作一比較，設置在都道府縣的優點似乎比較多。

「我覺得，正因為是無法以市町村框架限制的廣域地方自治體，才能做到更廣範圍的媒合，而這就是它的優點。譬如，以偏遠地區的廢棄鹽室作為據點，這樣有助於跟遠離都市的福祉事業做聯結。或許有人覺得，比起跟廣域地方自治體的關係，市町村跟地方主體的關係反而更為密切，但我卻認為，利用網際網絡的寬廣性是廣域地方自治體的特色，同時也是它的強項。」

今井接著說，「企業活動原本的供應鏈具備了廣域的性質，不拘限於單一的市町村。廣域地方自治體的媒合雖然有其難度，但是卻有其價值。」

■審酌預算

具體的公私協力階段，資金不足經常會讓人產生困擾，必須設法找出解決對策。

今井告訴我們，「公私協力的方法，通常是以委託或補助為主流。但 SHIGA 中心並不是以補助金，而是用分擔費用的方式來經營，因此具有某種程度的裁量權。交付補助金時，不需要製作補助計畫書。跟機關外的主體合作發展事業時，需要有能夠了解其中的優點及缺點，判斷究竟要簽訂委託契約呢，還是使用其他方法的職員。」包括委託與補助在內，各種不同的公私協力方式中，為達到事業目的，需要有能夠判斷哪一種方案較為適合，具備地方自治法、財務會計知識以及行政實務經驗的職員是非常重要的。

■ SDGs 商業發展及下一步

留下此成果的「SHIGA 中心」在 2021 年 1 月，獲得由內閣府設置的「地方創生 SDGs 公私協力平台」表彰為優良案例。這是內閣府從運用 SDGs 解決地方課題的 96 個公私協力案例中，挑選表揚 5 個優良案例（註12）。

2021 年 3 月，具時間限制的組織「SHIGA 中心」完成任務後關閉。但這個故事還沒結束。第三者對 SHIGA 中心在這 3 年的活動做出了評價，提到「除了推廣宣導活動外，還需要能加快資訊分享的速度」等。之所以設置「SHIGA 中心」，是希望能成為以商業解決社會課題的縣，因此設定 2018 年至 2021 年為第一階段，2021 年度至 2025 年度為第二階段，在這之後則為第三階段，希望今後也由行政單位擔任拓展的角色。

具體來說，在由負責推動滋賀縣 SDGs 的縣企劃調整課所舉行的「滋賀 ×SDGs 交流會」上，發表由縣商工政策課設置「（暫稱）滋賀 SDGs 商業推進協議會」，並且投入解決社會課題的創意發想。在解決社會課題過程中，縣負責舉辦 SDGs 相關的研討會，並且與公開 SDGs 宣言的企業進行交流。透過滋賀 SDGs 商業推進協議會中所產生的想法，讓縣成為縣內、外金融機構的溝通橋樑，創造出新的 SDGs 商機。而滋賀縣也與處理群眾籌資的 CAMPFIRE 株式會社合作，推動能解決社會課題的商業，也考慮以群眾籌資方式來支持商業 SDGs。

　　活用平台與多元利害關係人合作，為達成 SDGs，以商業力量來解決縣內社會課題的滋賀縣，今後的發展也是指日可待。

■註釋
註 1　聯合國宣傳中心網站〈https://www.unic.or.jp/activities/economic_social_development/sustainable_development/2030agenda/sdgs_logo/sdgs_icon_black_and_white/〉（最後存取日：2021 年 4 月 10 日）
註 2　中小企業廳（2019）「2019 年度版中小企業白皮書」p.335
註 3　總務省．經濟產業省「平成 28 年經濟感測器活動調查」
註 4　11 都縣指的是茨城縣、栃木縣、群馬縣、崎玉縣、千葉縣、東京都、神奈川縣、新潟縣、山梨縣、長野縣、靜岡縣。
註 5　關東經濟產業局．一般財團法人日本立地中心「中小企業的 SDGs 認知度．實態等調查結果概要（WEB 問卷調查）」〈https://www.kanto.meti.go.jp/seisaku/sdgs/data/20181213sdgs_chosa_houkoku_gaiyo.pdf〉（最後存取日：2021 年 5 月 16 日）
註 6　SDGs-SWY 網站「"在滋賀縣實現 SDGs 吧！滋賀縣的挑戰"三日月大造（滋賀縣知事）前篇」〈https://sdgswy.wixsite.com/home/single-post/taizomikazuki〉（最後存取日：2021 年 4 月 10 日）
註 7　滋賀 SDGs× 創新中心（2021）「滋賀 SDGs× 創意中心活動報告書」p.6
註 8　其他也舉例像是，透過農福合作在就業支援作業所栽培、加工國產蝶豆花的「栽培蝶豆花提供福祉設施的就業支援」，或者是將有名法國餐廳等定期淘汰的餐具碾碎、再利用「廢棄餐具再利用專案」等（出自：滋賀 SDGs × 創意中心（2021）「滋賀 SDGs× 創意中心活動報告書」）
註 9　發行聯合國全球盟約的『SDG Compass』，所謂由外往內的方法是「從世界的觀點，從外部開始討論哪些是必要的，然後再根據討論結果來設定目標，而企業則盡量彌補目前達成度及追求達成度之間的差距」。具體的活用方法請參考『SDGs × 地方自治團體實踐指南 現場活用知識及手法』STEP3（p.97）。
註 10 SHIGA 中心網站「什麼是 SDGs？」〈https://shiga-sdgs-biz.jp/declaration/〉（最後存取日：2021 年 10 月 18 日）
註 11 WATAMUKI 里案例的作法，參考 SHIGA 中心活動報告書（pp.16-17）的內容編寫。
註 12 其他還有，以位置資訊 X CRM 獨特技術實現快速發給罹災證明書的「UPWARD 股份有限公司」，以及透過縣宣傳支援孩童食堂的捐款，提升地方的防災能力，促進孩童有健全成長的「一般社團法人孩童食堂支援機構」，另外也表彰了建構長野縣 SDGs 推動企業登記制度的「長野縣」，進行北陸地方的地方公共團體完全 LED 化的總括事業「北陸綠色債券股份有限公司」（出自：地方創生 SDGs 官民合作平台網站「【關於 2020 年度 地方創生 SDGs 官民合作優良案例的選定】」〈https://future-city.go.jp/platform/case/〉）（最後存取日：2021 年 5 月 17 日）

■參考文獻
1. GRI．聯合國全球盟約．世界企業永續發展委員會（WBCSD）（2016）『SDG Compass』〈https://sdgcompass.org/wp-content/uploads/2016/04/SDG_Compass_Japanese.pdf〉（最後存取日：2021 年 5 月 16 日）
2. 滋賀 SDGs× 創意中心（2021）「滋賀 SDGs × 創意中心活動報告書」

案例 7 結合多元聯合協定 促進減塑

京都府龜岡市 × 霧之藝術季實行委員會 / 一般社團法人
Social Innovation Japan

龜岡市

1 減少海洋塑膠並非跟內陸毫無關係

■減少海洋塑膠垃圾成為世界課題

從 2020 年 7 月 1 日起，全國施行購物袋須付費的政策，經營者已不能再免費提供顧客塑膠袋。關於塑膠垃圾的問題，與 SDG 14「水下生命」有關（圖 1）。

SDG 14 附帶的細項目標 14.1，設定「2025 年以前，預防及大幅減少各種海洋污染，尤其是來自陸上活動的污染，包括海洋廢棄物及優養化的污染」。進度是以指標 14.1.1 的「沿岸優養化指數（ICEP）以及浮游塑膠垃圾的密度」測量。換句話說，減少海洋中的塑膠垃圾是對達成 SDG 14 非常重要的要素之一。

14
水下生命

圖1　SDGs 核心目標 14「水下生命」

（出自：聯合國宣傳中心，[註1]）

被稱為達沃斯論壇的「世界經濟論壇」中指出，「要是不盡快想出周全對策，那麼在 2050 年，海洋中的塑膠可能會比魚還要多（根據重量）」[註2]，可見對全世界來說，海洋塑膠垃圾帶來的影響是一項重大課題。

■比國家更嚴格的地方自治體，首創塑膠製購物袋禁止條例

基於如此的國際行動，龜岡市從 2021 年 1 月 1 日起，全國第一個施行「禁止提供塑膠購物袋條例」（以下簡稱，購物袋禁止條例），即便是要付費購買，市內商家也不提供塑膠製購物袋給顧客。

只要是沿岸的地方自治體，當然會對核心目標 14「水下生命」有感覺。但是龜岡市位於內陸地區，距離大海約 80km，為何會設定比國家還嚴格的條件，對減少海洋塑膠垃圾有如此強烈的慾望呢？

■透過觀光資源認識對河川漂流垃圾的責任

其理由與「保津川遊船」聞名的保津川有密切的關聯。

保津川貫穿龜岡市，之後在京都市內與鴨川等匯流之後流向淀川，最後流往大阪灣（圖 2）。保津川從 2004 年開始，為了回收漂河面上的垃圾，包括「保津川遊船」的船家以及地區居民開始展開清掃活動。2007 年，活動由「NPO 法人專案保津川」（以下簡稱，專案保津川）主導，每個月以「保津川綠色大作戰」為主題舉辦。

即便不是直接丟在海上，在自己居住市鎮丟棄的垃圾，還是有可能透過河川流到海洋的。發覺有此問題的龜岡市，2018 年 12 月發表了「KAMEOKA 零塑膠垃圾宣言」。宣言是與市議會共同制定的，而這就是龜岡市正式採取減少塑膠垃圾行動的契機。

擔任專案保津川代表理事的大阪商業大學準教授原田禎夫告訴我們，在發表零塑膠垃圾宣言那時候，在從海洋回收的垃圾當中，購物袋及寶特瓶的數量非常多。

原田接著說，「在龜岡市發表宣言之前，也有地方自治體發表了『零塑膠垃圾宣言』。但是龜岡市發表的宣言並非以宣導為主要目的，而是實際採取具體行動，達成數值目標。」

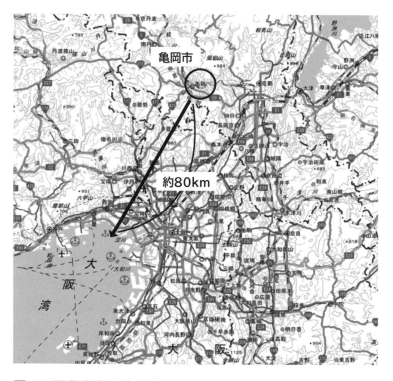

圖 2　要是在龜岡市內的保津川丟垃圾，只要一天就可能到達距離約 80km 的大阪灣(註3)。（出自：國土地理院地圖，電子國土 Web，作者加工製作）

2 為達成減塑 需要有創意的公私協力

■藉藝術力量向次世代傳達資源「創意再利用」訊息

　　為了讓居民採取減少塑膠的行動，就必須要簡單扼要的將其重要性傳達給他們知道。而龜岡市選擇的方法是，藉用居民熟悉的藝術力量來推動環境政策。

　　龜岡市從 2018 年開始，便與居住在市鎮的藝術家合作，以市內稱為「丹波霧」的濃霧為龜岡的地方特徵，一整年舉辦「KAMEOKA 霧之藝術祭」（以下簡稱，霧之藝術祭）。

　　2019 年 7 月，作為霧之藝術祭一部分舉辦的「KAMEOKA FLYBAG PROJECT」（以下簡稱，FLYBAG PROJECT）中，將市內滑翔傘學校使用的廢棄滑翔傘縫製成「巨大環保袋」（圖 3），並將它放在龜岡車站前展示。

圖 3　以吊掛機吊起的長 7m X 寬 8m 的巨大環保袋。（提供：龜岡市）

在與地方藝術家進行合作，提出訴求環境問題的「FLYBAG PROJECT」同時，龜岡市也著手進行群眾籌資，最後從全國得到超過目標金額兩倍，2,000萬日圓以上的捐款。此巨大環保袋成為「龜岡市正在設法解決塑膠問題」訊息傳遞給居民的重要象徵。

同年的10月，製作「FLY BAG」的材料運送到市內生涯學習教室，以「用大型拼貼來製作屬於自己的包包吧」為名舉辦工作坊。從小孩到大人，約有200位參加者，這是一個從巨大滑翔傘材料剪下自己喜歡的部分，製作屬於自己包包的企畫。對孩子們來說，這是一個能親自體驗使用廢棄物來實現創意再升級的機會(註4)。

接著更進一步將運用滑翔傘材料製作環保袋的想法，與總部設在東京的時尚品牌「THEATRE PRODUCTS」合作，將它商品化。以保津川命名為「HOZUBAG」包包（圖4），不光色彩鮮豔豐富，也非常輕便好用，獲得不錯的評價。

而將滑翔傘布料剪裁成能作成HOZUBAG的工作，是利用龜岡市傳統民家作為據點進行，而這也給地方帶來新的工作機會。

圖4　與藝術家合作，共同推動政策的市文化國際課的課長小塩睦子（前列中央）、岡田春樹（前列左）以及手拿HOZUBAG的同課夥伴們。（提供：龜岡市）

■共同購買紙袋以減輕協力企業負擔

在其他事業也實現了與藝術家的合作。

前面提到的政策中，不提供塑膠購物袋對市內企業來說，要準備替代的紙袋就變得迫在眉睫。但是對訂購數量不大的小型業者來說，可以想見四處調貨會對他們造成相當大負擔。

於是龜岡市以「共同採購^{（註5）}」方式統整數量。業者能夠以 100 個為單位便宜購入。紙袋的尺寸準備了 S、M、便當用、L、2L 等 5 種，加上藝術家們的幫忙，在紙袋印上「WE TAKE ACTION（我們採取行動了）」的標語（圖 5）。

有關與藝術家的合作，市文化國際課的岡田春樹告訴我們 SDGs 普及的真正意涵，他說「在市政府政策形成過程中加入藝術家，這出乎常理的發想讓事情進展得更順利。而且也可能會傳達一些讓市民感到有興趣，或是產生好感等的資訊」。

而非常了解國內外環境政策的原田表示，「環境政策如果是以封閉的方式在環境領域進行，那麼就無法傳達給居民了解，各項措施的效

圖 5　紙袋上按照大小，有不同的設計。

果也有限。龜岡市將環境政策與熟悉的藝術做結合，能夠將想法更簡單地傳遞給居民知道。」

■減少使用寶特瓶，創造願意使用環保瓶的環境

除此之外，龜岡市也以各種方式與企業、團體簽訂綜合經濟合作協議，朝零塑膠的目標展開許多措施。

龜岡市不只針對塑膠購物袋，對於減少寶特瓶的使用量也下了功夫，像在 2020 年 6 月，與家庭用濾水器廠商 BRITA Japan 股份有限公司（以下簡稱，BRITA）簽訂綜合經濟合作協議。與 BRITA 合作，展開以市內學生為對象的環境學習，或是在市內舉辦的活動中，免費提供 BRITA 製水壺型濾水器等活動。

對於市採取的作法得到了回饋，位於龜岡市內的南丹高中學生，製作了推廣環保瓶及供水點的海報。2021 年 3 月將完成的海報分發到市內的餐飲店，而此作法同樣也發揮藝術的力量。除了這些投入外，在體育館及圖書館等市內公共設施，設置了能提供冷水、溫水的飲水機，也開始與市內餐飲店合作。

隔年的 2021 年 4 月，龜岡市與提供下載免費供水智慧型手機 APP「mymizu」的一般社團法人 Social Innovation Japan（以下簡稱，SIJ）簽訂「創造 KAMEOKA 未來環境夥伴關係協議」，開始著手創造在住家及職場外也能方便使用環保瓶的環境。

mymizu APP 是以地圖方式，將所在地周邊的公共設施及餐飲店等，有提供免費飲用水的場所顯示出來。不是只有自己，mymizu APP 會將全體使用者總共減少了多少個寶特瓶標示出來，這一點會提高全體參與的動機（圖 6）。

圖 6　mymizu APP 可以跟 Google Map 等產生連動，探索經過的路徑，留下供水的紀錄。（提供：一般社團法人 Social Innovation Japan）

另外，龜岡市希望增加供水點，在 2021 年 6 月與自來水管直接連接的飲水機租借事業 Waterstand 株式會社，簽訂了合作夥伴關係協議。在市內所有中小學、義務教育學校設置環保瓶專用的飲水機。

為了要達到「減少寶特瓶的使用量」的目標，透過公私協力打造一個讓市民容易採取行動的環境。

■與年輕創業家合作，以居民的行為修正為目的

逐步擴展「mymizu」的 SIJ 代表理事路易斯・羅賓・敬先生（Robin Takashi Lewis）在 2020 年 1 月拜訪龜岡市長桂川孝裕時，表示強烈希望與龜岡市合作的想法（圖 7）。

「聽完桂川市長所說的，覺得為了守護龜岡的環境就必須要減少塑膠。這個使命與龜岡市到目前為止所舉辦的活動，有許多都跟我們的活動重疊，非常開心有機會能跟龜岡市共同將 mymizu 的移動範圍擴大。」

圖 7　路易斯・羅賓・敬説「善加運用創造性的強項，希望能有更多以多元主體共同解決課題之共創模範。」（提供：一般社團法人 Social Innovation Japan）

　　2021 年 10 月，龜岡市及 SIJ、BRITA 三者推動「BRITA Japan 株式會社 × mymizu 挑戰 in 龜岡」（以下簡稱，mymizu 挑戰）企畫。Mymizu 挑戰是以 APP 來記錄市民的環保瓶用水量，然後再來比賽減少的寶特瓶數量。參加者除了贈送 BRITA 水壺濾水器外，寶特瓶減少量最多的個人或者是團隊，則另準備有贈品。

3 串聯所有努力的合作夥伴關係架構

■雙方角色更加明確的合作協議

　　大部分的政策都是根據市政府與合作的企業、團體所簽訂的合作協議來實施。而市政府更是以與 SDGs 有密切關係的「綜合了環境、經濟、社會三層面的方式來推動」的願景，跟認同活用地區資源創造新價值，朝向永續發展社區的企業及團體，簽訂「KAMEOKA 創造未來環境合作夥伴關係協議」（以下簡稱，合作夥伴協議）。2021 年 8 月，總共簽訂了 5 份合作夥伴協議（圖 8）。

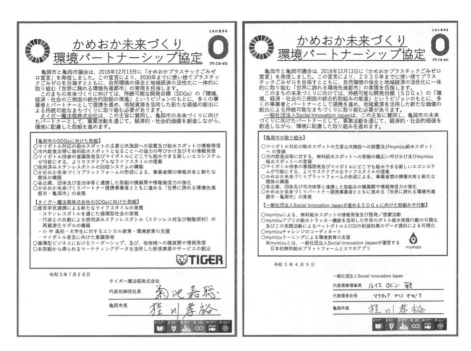

圖 8　龜岡市與一般社團法人 Social Innovation Japan（左），以及 Tiger 保溫瓶股份有限公司的合作夥伴關係協議書（右）。（出自：龜岡市網站）

圖 9　推動零塑膠垃圾的環境先進都市推進部部長山內剛（中），環境政策課課長大倉武文（左二）及職員們。

譬如，照片左邊的協議書中，列出「龜岡市要做的事」與「一般社團法人 Social Innovation Japan 邁向 SDGs 要做的事及行動」的項目，明確記載各自的工作。在綜合合作協議中，行政單位、企業會有不知道該期待對方做到哪個程度的困擾，所以如果能詳細地將雙方的工作列出，那麼就能知道可以期待對方什麼，並且各自做好準備。

事實上，在與多元主體合作時，SDGs 是能夠有效地發揮作用的。

龜岡市環境政策課課長大倉武文先生說，「將 SDGs 當作關鍵字，能讓企業、行政單位、學校具有共同的方向，會比較容易合作。」

■不侷限於短期，而能持續運用的協議行動

龜岡市多方面投入的理由之一，就是希望將簽訂合作夥伴關係協議作為下一個行動的契機。

龜岡市環境先進都市推進部部長山內剛接著說，「好不容易簽訂的協議，絕對不能只運用一次，而是要盡可能地也活用在下一次行動上。活用與多元主體簽訂的合作夥伴協議，讓利益關係人能不斷地增加，這樣應該有助於加速達成創造永續發展社區的共同目標（圖 9）。」

---

4 設置更多能親身體驗 SDGs 的據點

■出現在市公所地下室的中心據點「開辦藝術工作室」

最後介紹，為了加快龜岡市 SDGs 行動的創意中心「開辦藝術工作室」（圖 10）。

2021 年 4 月，促進市公所地下室的餐廳改裝後開始營運的「開辦藝術工作室」，具備了餐廳、聯合辦公空間、舉辦活動空間、作品展示空間、農作物直銷空間等多項功能，市民及市政府員工都能利用。

「開辦藝術工作室」本身雖然不是直接做零塑膠垃圾的工作，但卻扮演賦予了與不同人們溝通，「有助於達成 SDGs 創意」的據點之角色。

從「開辦藝術工作室」的設計，可以發現許多與 SDGs 有關的要素。譬如，使用以廢棄材料製作的日常用品，就是來自於 SDG 12 「負責任的消費與生產」的想法。附設的餐飲店則是使用了許多在地自產自銷的食材。跟從國外進口的食材相比，運送所消耗的能源較少，而造成地球暖化的原因——溫室氣體的排放量也比較少。而提供的咖啡則是使用公平交易咖啡豆，在實現 SDGs 方面特別下了功夫。

圖 10　引發 SDGs 行動的「開辦藝術工作室」。（提供：岡田春樹）

■促使機關內外合作的「場域」效果

像「開辦藝術工作室」這樣，是能夠讓每一位市民親身體會 SDGs 與生活有密切關係的場所。

市文化國際課小塩課長說到它的意義在於，「籌辦開辦藝術工作室不只帶來與機關外的人的合作機會，而且為了舉辦以了解 SDGs 各循環為主題的市集，與文化國際課以及負責 SDGs、環境、農林、商工觀光的部門合作等，讓機關內各部門跨越縱向隔閡，共同解決地方課題。」

不需太過強調 SDGs 這個詞，而是讓更多人知道 SDGs 要素，我想這個作法能提供給正為 SDGs 普及困擾的地方自治體一個啟示吧！

桂川孝裕市長堅定地表示，「對希望能成為世界上值得驕傲之環境先進城市的龜岡市來說，除了市民及市內企業，當然也不能缺少外部專家學者的協助，透過實踐『SDGs』，謀求穩固的夥伴關係，踏踏實實地進行市政（圖 11）。」

龜岡市以零塑膠垃圾宣言為契機，慢慢地改變居民的想法，以「成為世界上值得驕傲的環境先進城市」為目標來努力，希望次世代也能繼續守護龜岡市美麗富饒的環境。

圖 11　桂川孝裕市長善加運用龜岡市的長處，朝創造永續發展地方前進。

（提供：龜岡市）

■註釋
註 1　聯合國宣傳中心「SDGs 標誌白黑（縱、橫）」〈https://www.unic.or.jp/activities/economic_social_development/sustainable_development/2030agenda/sdgs_logo/〉（最後存取日：2021 年 5 月 25 日）
註 2　World Economic Forum（2016）「The New Plastics Economy Rethinking the future of plastics」p.14
註 3　龜岡市「環境先進都市啟發冊子（有關零塑膠垃圾宣言及禁止提供塑膠購物袋條例）」〈http://www.city.kameoka.kyoto.jp/kankyousoumu/documents/keihatusassi2020090.pdf〉（最後存取日：2021 年 10 月 1 日）
註 4　所謂升級再造是指「原本要被廢棄的衣物，經過設計及創意，成為一個具有附加價值的產品」之概念（環境省電子出版品 ecojin「【特集】創造未來的時尚」〈https://www.env.go.jp/guide/info/ecojin/featurel/20210707.html〉（最後存取日：2021 年 10 月 1 日）
註 5　紙袋共同購入事業，只限定只在 2021 年度實施。

■參考文獻
1.　龜岡市網站「朝實現世界上值得驕傲的環境先進都市前進～『龜岡市禁止提供塑膠購物袋條例』成立～」〈http://www.city.kameoka.kyoto.jp/kankyousoumu/jyoureil.html〉（最後存取日：2021 年 5 月 17 日）

案例
8 網路連線實現 E 政府

大阪府富田林市 × Graffer 株式會社

富田林市

1 行政部門的數位轉型（DX）及 SDGs

■以數位科技翻轉有預設前提的發想

請看 SDGs 的 17 項核心目標，其中也有像 SDG 17 一樣，具有協助其他核心目標性質的目標。像 SDG 9「產業創新與基礎建設」，透過完備的基礎建設、ICT（資訊通訊技術）及充實創新能力等，促成其他核心目標的達成（圖 1）。

就連地方自治體的前線，為了提高業務效率及促進行政服務的方便性，也開始注意到運用數位科技的「數位轉型（Digital Transformation，簡稱 DX）」。想要將「難道不能利用市民日常不可缺少的智慧型手機等通訊設備，來提升行政服務的方便性嗎」的觀點，

圖1　SDGs 的核心目標 9「產業創新與基礎建設」
（出自：聯合國宣傳中心，註1）

以及「居民不必親自前往政府機關，就能享受與親自前往同樣甚至是更好的服務嗎」的想法具體化，我想 DX 應該會產生很大的幫助。

　　到目前為止，地方自治體以「要如何提供給前往公家機關的居民滿意的行政服務」的前提，在提高便民方面下功夫。譬如申請住民票及戶籍謄本的影本，或是納稅證明等官方文件的申請，都是居民前往公所最主要的目的之一。過去作法是盡量縮短等待及辦理的時間，或是對職員進行教育訓練以改善對前來辦事居民的應對態度，然後對無法在平日上班時間前往的人，特別在週六日也開放時間辦理。

　　但翻轉有預設前提的發想，是讓社會「徹底改變」成永續發展狀態的鑰匙。已經實施使用個人編號卡就能在超商申請住民票影本等「超商申辦」之地方自治體，在 2020 年 4 月 1 日為止，有 748 個市區町村，占全體 43% 以上(註2)。後來因為新冠肺炎疫情的擴大而倡導「非接觸」，所以從傳染病的危機管理新觀點來看，可能加快了透過遠距來提供行政服務的速度。

　　本篇介紹的富田林市，透過跟民間業者合作，活用數位科技來推動居民健康事業，以及使用智慧型手機就能上網申請住民票及納稅證明等服務。接下來就從公私協力及 SDGs 的觀點來介紹，今後可能會拓展至更多地方自治體的數位科技運用。

2 以 "商助" 的精神投入產官學醫的地方合作

■活用中世紀歷史的 SDGs 市鎮再造

　　富田林市位於大阪府東南部，從大阪市內搭電車約 30 分鐘的距離，約 10 萬 3 千位（2021 年 4 月）居民在此生活。自中世紀起，富田林寺內町就留下許多傳統古宅，除了指定為國家的「重要傳統建築物群保存地方」外，寺內町的「城之門筋」被原建設省選為「日本道路 100 選」之一（圖 2）。

　　富田林市在 2019 年 7 月，擬定「富田林版 SDGs 進行方針」積極推動 SDGs。依據此方針，以 SDGs 作為共通語言，與多方利害關係人合作，一起致力推動市鎮再造。在富田林市推動 SDGs 方面，公私協力發揮了相當重要的功能。實際上，方針所提出的三個「基本方向」中，有關「透過 SDGs 創造出各種不同合作」的這個部分，提出了要將 SDGs 作為共同語言來推動公私協力，以及促進與利害關係人之間的合作。

　　富田林市推動 SDGs 的標誌是以寺內町重要文化財「舊杉山家住宅」的螺旋階梯等等為發想所設計，將歷史反映在推動方法上（圖 3）。

圖 2　寺內町的街道景象（左），成為市政府推動 SDGs 標誌主題的舊杉山家住宅的螺旋階梯（右）。

■市民、企業、行政之間合作推動 Society5.0 型的健康活動

因為投入積極，富田林市獲得不錯的評價，且被選定為 2020 年度的 SDGs 未來都市以及地方自治體 SDGs 模範事業。富田林市的地方自治體 SDGs 模範事業，乃是「以『商助』建構永續發展生態系統事業」為主題，並且透過產官學醫的公私協力方式，讓實現健康這個觀念能夠實際推動。

在獲選地方自治體 SDGs 模範事業前，2019 年 11 月富田林市為了活用地方資源建構地域綜合醫療系統，簽訂了「富田林市產官學醫綜合合作協議（TOMAS）」。TOMAS 是由醫療機器材料廠商的 ALCARE 株式會社（產）、富田林市（官）、大阪大谷大學（學）、一般社團法人富田林醫師會（醫）四者連結而成的，從 2020 年 12 月開始實施「市民照護預防健康點數計畫」（圖 4）。

此計畫以 40 歲以上的市民為對象，借給參加者能測量個人運動量的「活動測量機」，市民只要跟設置在市內的 20 個地方店家、公共設施的活動測量讀卡機接觸，就能依照每天行走的步數獲得點數；不只如此，有參加身體組成分析與相關活動的人可以獲得健康點數。因為點

圖 3　富田林市推動 SDGs 的標誌。（出自：富田林市網站）

數可以換贈品，所以有市民參加的誘因。對店家來說，前來健康據點的市民可能會購買東西，提高銷售金額；行政單位則是能從健康據點的監控所得的數據，驗證該計畫的成效，並制定新的政策。

富田林市市長公室政策推進課的大堀雄一郎對於「商助」的想法有以下的說法。

「繼自助、互助、國家幫助之後，與健康管理產業有關的就是商助。商業能夠幫助地方，而地方則能帶給商機，藉由這種雙贏的想法，富田林市希望能夠善加運用商助來增進市民的健康。對店家來說，如果想要店家使用活動測量讀卡機的市民能夠『順便購物』的話，就可提高店家的銷售率了。而增進市民健康之外，同時也減少長期照護醫療費的行政成本，對行政單位來說也是一個優點。」

做為健康據點，提供場地及人員
→市民「順便買東西」對銷售額有貢獻

在市內店家設置活動測量讀卡機
→減少照護醫療費等行政成本
→收集的數據能作為政策制定的參考

參加長期照護預防、健康點數事業
→增進健康、健康回饋點數

圖 4　透過商業援助進行的健康點數事業的概要及對各主體的好處。

（出自：參考富田林市資料，作者編寫）

為了推動這些措施，市政府設置了跨科室，跨領域的「SDGs 未來都市推進專案小組(註3)」，不但能促進科室間的合作，也能從經濟、社會、環境三層面來解決綜合性課題。

大堀接著說，「富田林市被選定為 SDGs 未來都市及地方自治體 SDGs 模範事業，這應是把達成 SDG 3『良好健康與福祉』及 SDG 17『夥伴關係』當成中心目標才會有此成績的。而以 Society5.0(註4)為目標，活用數位科技成為一股非常強大的推動力。」

3 網路連線實現「便民 e 櫃台」

■網路申請證明書服務

希望讓 Society5.0 成為公私協力解決地方課題的重心，所以從 2021 年 4 月起，積極推動 SDGs 的富田林市也開始採取了新措施，就是透過網路申請核發證明書的服務。申請者可使用智慧型手機下載的個人編號卡進行身分確認，以及使用信用卡結帳後，市公所就會將證明書郵寄至申請者家裡。

富田林市除了原本以超商申辦方式接受申請「住民票影本」、「印鑑證明書」及「市、府縣民納稅證明書」三種證明書之外，再加上過去需要臨櫃或以郵寄辦理申請的「戶籍謄本」及「固定資產評價證明書」等，可以透過線上申請的證明書總共有 13 種（圖 5）。

關於申請程序，申請者需事前準備 ① 智慧型手機下載專用 APP ② 個人編號卡 ③ 發行個人編號卡時所設定的署名用電子證書密碼 ④ 手續費這四樣。

可線上申請的證明書	以原籍為富田林市的人為對象	可超商申辦	負責課
住民票影本		○	市民窗口課
戶籍轉出申請			
戶籍謄本（記載全部事項證明）	○		
戶籍抄本（記載個人事項證明）	○		
除籍（現戶籍）謄抄本	○		
戶籍之附票	○		
單身證明書	○		
身分證明書	○		
市、府民納稅證明書（最新年度）		○	課稅課
固定資產評估證明書			
固定資產稅費證明書			
固定資產名寄帳兼課稅（補充）帳戶			
納稅證明書（只用來證明，市、府民稅，固定資產稅、都市計畫稅及免稅）			收納管理課

圖 5　富田林市可以線上申請的證明書

（出自：「宣傳 TONDABAYASHI，令和 3 年 4 月號」、參考關係者的意見，作者編寫）

　　首先，進入政府申請文件網頁，輸入申請份數等資料。接著進入專用 APP，輸入署名用電子證書密碼。然後再把個人編號卡放在智慧型手機上感應掃描，確認是否本人，最後輸入信用卡資料後進行付款。姓名及地址等資料可從個人編號卡讀取，所以不需要輸入。之後就只要等著收申請的證明文件就好，整個流程十分簡單。就像國稅廳的國稅電子申報、納稅系統（e-Tax），不需要準備 IC 讀卡機，只要下載 APP，然後使用智慧型手機就能確認是本人，十分簡單且方便使用（圖 6）。

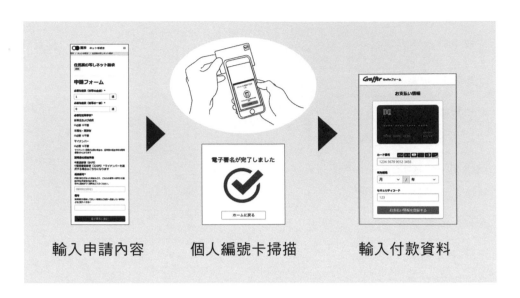

| 輸入申請內容 | 個人編號卡掃描 | 輸入付款資料 |

圖 6　線上申請的流程（出自：Graffer 股份有限公司網站）（註5）

■網路申請減輕市民、行政負擔之優點

在全國，提供網路申請各種證明文件的地方自治體只有一部分而已。而富田林市是在什麼樣的情況下開始的呢？

富田林市市長辦公室政策推進課的奧野正樹說，「我們發現，想要推動網路申辦的話，就必須由政府帶動提升數位科技廳的設備，而這是不得不開始的措施。另外，為了預防新冠疫情的蔓延，所以鼓勵採行『無接觸』服務，就成為了引進網路申請的契機」（圖7）。

自從開辦網路申請之後，在富田林市，尤其是外縣市居住者的申請件數，以及非上班時間申請的件數都明顯增多。

譬如對因就學或就業等原因而搬到外縣市，但原籍卻還留在富田林市的市民來說，有時可能會因申請護照等原因而需要使用到戶籍謄本。如果網路申請，那麼平常以郵寄方式申請所需的申請書、回郵信封、

郵票、匯款證明，也不需要寄送本人相關的書面資料，非常方便。當然，也不需要在辦公時間抽空去市公所，還有不必在申辦窗口等待，市民服務可說更上了一層樓。

對居民來說，網路申請比過去申請方式更為方便，但是從行政職員的立場來看，究竟會有什麼樣的變化呢？

可以想到的優點，就是能減輕第一線職員的負擔。譬如，富田林市要以郵寄申請住民票或戶籍謄本時，申請者能夠以任何格式書寫，只要將必要事項填寫齊全，然後再連同能證明是當事人的文件與匯款證明等，一起郵寄至市公所申辦。但是如果申請內容寫得不夠詳盡，或是可以證明當事人的文件印刷模糊時，那麼市公所職員就必須跟申請者聯繫補件或修改。另外，也會需要把匯款證明換成現金。網路申請的話，系統會自動確認輸入資料的正確性，而且因為是以信用卡支付的，沒有將匯款證明換成現金的必要。相信減少職員作業負擔，應能在提高處理案件數帶來不錯效果。

另一方面，引進新作法對職員會不會有壞處呢？

奧野表示，「除了一般的郵寄申請外，也需要確認有無網路申請，所以業務課別需要隨時注意。雖然如此，收到網路申請案件時，會以 mail 通知負責人，如果說到提升便民性，引進網路申請的好處遠遠超過壞處吧。」

圖 7　奧野正樹説，「新冠肺炎成為引進網路申請的契機。」

■與 Graffer 合作推動 GovTech

跟富田林市合作，實現網路申請的核心人物就是 Graffer 株式會社（以下簡稱，Graffer）。創業於 2017 年的 Graffer 以「藉由產品的力量來改變行動，改變社會」作為公司宗旨，運用網路申請及電子簽名的技術，推動行政數位化。Graffer 與政府以及地方自治體，希望能透過活用民間企業的資訊通訊技術來改善業務，此做法又稱為「GovTech」，目前跟提升數位科技廳網路設備的議題都同樣受到關注。

Graffer 已經跟許多地方自治體合作，積極推動網路申請及電子簽名。Graffer 對於支援行政服務數位化是抱著怎樣的想法呢？

同社的及川涼介堅定告訴我們，「敝公司透過數位力量讓行政手續更便民。特別是對基礎地方自治體來說，有許多業務經常會跟市民接觸，我們希望市民及職員能夠感受到數位化所帶來的改變，所以積極地參與」（圖 8）。

富田林市以 Graffer 的「Graffer 智慧申請」讓民眾能透過網路申請文件，但 Graffer 並不就此滿足，它們將需求較多的項目特別組成一套，以方便利用。

圖 8　及川涼介説「對於提供行政服務，確認相關法令後，在社內調整體制」。（提供：Graffer 株式會社）

奧野告訴我們「在引進如網路申請這種新措施的階段，對於哪種證明書適用網路申請業務，機關內並沒有相關知識與見解，而且向各課諮詢也需要時間。關於這一點，希望能參考其他地方自治體的成果，準備已完成相當程度的套裝計畫，似乎會比較容易踏出第一步。」

富田林市為了引進網路申請各項證明文件，在申請及確認是否為當事人的部分是與 Graffe 合作，而有關申請人使用信用卡付款的部分則是跟軟銀集團子公司 SB Payment Service 簽訂合約。希望能借助民間企業的專業性，實現透過公私協力提升居民生活品質的目標。

4 藉由「公私協力詢問處」解決與多元主體間的地區課題

■單一窗口加快辦理速度

富田林市能夠加快公私協力速度的原因之一，就是設置了「公私協力詢問處」的單一窗口。設在市長辦公室都市魅力課的公私協力詢問處，將企業、團體提出的所有諮商做整理，然後再與相關部門進行改善（圖9）。

從 2018 年度至 2020 年度，負責公私協力詢問處業務的納翔一郎（現在在商工觀光課）對於公私協力詢問處存在的意義，他是這樣說的（圖10）。

「在設置公私協力詢問處之前，從民間企業得到『不知道哪個是負責窗口』、『根據內容，部會之間會相互踢皮球』的意見。因為這樣，會喪失跟民間企業合作的機會，或是提案需要花相當長的時間才能夠實現等問題。

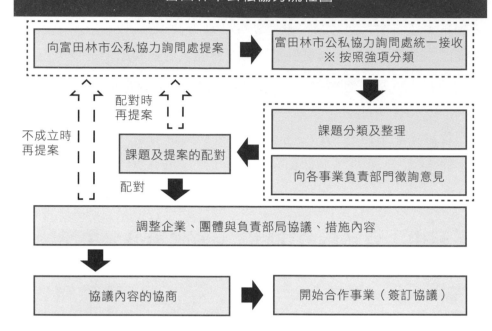

富田林市公私協力流程圖

向富田林市公私協力詢問處提案 ➡ 富田林市公私協力詢問處統一接收
※ 按照強項分類

配對時
再提案

不成立時
再提案

課題分類及整理

課題及提案的配對 ⬅ 向各事業負責部門徵詢意見

配對

調整企業、團體與負責部局協議、措施內容

協議內容的協商 ➡ 開始合作事業（簽訂協議）

圖 9 富田林市公私協力流程（出自：富田林市網站，註6）

SDGs 未来都市
富田林
ACT FOR 2030

圖 10 負責公私協力詢問處的納翔
一郎，作為「地方公務員部落客」
也是全國皆知。

公私協力詢問處設置之後，這些問題都獲得解決，與民間企業的溝通變得活絡，並且就民間企業的提案、實例與機關內的課室做連結，成為解決行政及地方課題的力量。同時藉著接觸機關外實例的機會變多，全體職員的視野應該也會變得較為寬闊。」

透過公私協力來推動 SDGs 的富田林市，將以公私協力詢問處，還有以市內的企業、團體、教育機關、特定非營利活動法人為對象來介紹活動實例及促進合作的「富田林市 SDGs 夥伴關係制度」這兩個做法，加快 SDGs 必要的經濟、社會、環境三層面綜合計劃之進行。

■資訊傳遞要注意 "不拋下任何人" 的態度

此外，納翔一郎透過市政府業務，與 JFL（日本足球聯賽）下的國家美式足球聯盟的大阪足球會合作，開設前所未有的，由市民參加的網路電視「富田林電視」，並且擔任 4 年的固定引導人。富田林電視也會製作 SDGs 特集等，根據公私協力的方式，活用動畫媒體有效吸引市民，完成資訊的傳遞，此作法現在仍進行中。

納翔一郎表示，利用包括富田林電視在內的各式各樣媒體傳遞資訊時，要特別注意使用易於看懂的通用設計字體，以及在視覺上容易理解的設計。極力避免使用專業用語，表現的用語要盡可能地容易理解。此態度與「不拋下任何人」的 SDGs 理念一致。

圖 11　負責富田林市推動 SDGs 的奧野正樹（左）、大堀雄一郎（中）、納翔一郎（右）。

5 GovTech 考驗地方自治體今後處理能力

如果希望提供網路申請及電子認證的技術來增加行政效率的GovTech，在地方自治體擴展，有哪些是必須注意的呢？

及川說，「在地方自治體使用雲端服務才剛開始而已，我認為有必要改善對職員的理解及調度制度。而且也需要準備能讓職員有『進行數位化吧』感覺的環境。譬如行政內部業務所使用的筆記型電腦及顯示器等設備完善，對推動數位化也是相當重要的」。

由於新冠肺炎的關係，開始實施線上會議，導入遠距上班的地方自治體也急速增加，但因安全性等考量，有些地方自治體無法安心進行線上會議。就在所有注意力都集中在 DX 時，或許也在考驗各地方自治體的處理能力。

富田林市也打算設置數位科技廳，希望能透過數位科技提升行政服務。對從實用性的觀點思考網路申請項目，希望能用 DX 解決課題的富田林市，值得我們關注後續動向。

■註釋

註 1　聯合國宣傳中心網站〈https://www.unic.or.jp/activities/economic_socail_development/sustainable_development/2030agenda/sdgs_logo/sdgs_icon_black_and_white/〉（最後存取日：2021 年 4 月 10 日）

註 2　總務省（2021）「令和 2 年度版 情報通信白書」p.501、總務省

註 3　政策推進課、都市魅力課、高齡介護課、促進健康推進課、商工觀光課，由金剛地方再生室所構成。

註 4　所指的是在狩獵社會（Society 1.0）、農耕社會（Society 2.0）、工業社會（Society 3.0）、資訊社會（Society 4.0）之後的新型社會，根據網路空間（想像空間）及真實空間（現實空間）高度融合的系統，讓經濟發展及解決社會課題能夠併立，所謂以人類為中心的社會（Society）。（出自：內閣府網站「所謂的 Society 5.0」〈https://www8.cao.go.jp/cstp/society5_0/〉（最後存取日：2021 年 7 月 4 日）

註 5　Graffer 股份有限公司網站「四條畷市的住民票、遷出申請的網路化—實現以智慧型手機申請的智慧行政服務全貌—」〈https://graffer.jp/govtech/articles/govtech-shijonawate〉（最後存取日：2021 年 7 月 3 日）

註 6　富田林市網站「富田林市公私協力流程圖」〈https://www.city.tondabayashi.lg.jp/uploaded/attachment/61682.pdf〉（最後存取日：2021 年 7 月 3 日）

■譯註

如果希望提供網路申請及電子認證的技術來增加行政效率的 GovTech，在地方自治體擴展，有哪些是必須注意的呢？

及川說，「在地方自治體使用雲端服務才剛開始而已，我認為有必要改善對職員的理解及調度制度。而且也需要準備能讓職員有『進行數位化吧』感覺的環境。譬如行政內部業務所使用的筆記型電腦及顯示器等設備完善，對推動數位化也是相當重要的」。

由於新冠肺炎的關係，開始實施線上會議，導入遠距上班的地方自治體也急速增加，但因安全性等考量，有些地方自治體無法安心進行線上會議。就在所有注意力都集中在 DX 時，或許也在考驗各地方自治體的處理能力。

富田林市也打算設置數位科技廳，希望能透過數位科技提升行政服務。對從實用性的觀點思考網路申請項目，希望能用 DX 解決課題的富田林市，值得我們關注後續動向。

案例
9
全區一起挑戰
創造零廢棄物的社區

德島縣上勝町 × BIG EYE COMPANY 株式會社

上勝町

1 維持「永續社區」遠比想像困難

■尋找能留在地方負責的人

現在，我們認為將來一定也能舒適地住在現居地，但誰又能預測 10 年、100 年之後的狀況，說不定並沒那麼地容易。

包括東京圈在內，人口大都會往大都市圈聚集，反觀偏遠地方的市町村，面臨嚴重的少子高齡化，以及人口外流問題。在日本，65 歲以上高齡人口占 28.7%[註1]，因此在農業及傳統工藝等各領域，出現後繼無人的情形。只要大學等高等教育機關集中在都會區，那麼年輕人勢必要暫時離開成長的地方；如果沒有太多企業可以提供就業機會的話，那麼找不到工作的年輕人自然就不會回到原本居住的地方了。

11
永續城市
與社區

圖1　SDGs 的核心目標 11「永續城市與社區」
（出自：聯合國宣傳中心，註4）

■世界人口增加所帶來廢棄物處理的解決措施

　　SDG 11「永續城市與社區」也包含了許多類似的社區課題（圖1）。跟日本的情形相反，世界人口不斷地增加，直到 1950 年為止，世界人口總數就有 25 億，而到了 2011 年，人口總數則超過了 70 億，可以預測在 2050 年，世界人口總數將會達到 97 億（註2）。尤其是在全世界，都市人口的增加成為有待解決的課題。根據聯合國表示，世界人口有一半以上是居住在都會區，所以因交通量增加而造成的空氣污染，以及廢棄物處理、貧民窟的形成等課題正在發生。

　　SDGs 的細項目標 11.6 設定了「在 2030 年以前，減少都市對環境的有害影響，其中包括特別注意空氣品質、都市管理與廢棄物管理。」的內容，而測量進度的指標，則是設定了「垃圾回收率（11.6.1）」。

　　德島縣上勝町是國內最早注意到廢棄物處理問題的地方自治體。上勝町面臨到之後會提到的人口外流問題，而這與都市人口增加的狀況不同，可是在廢棄物處理方面，上勝町卻能帶給我們新的思考方向。2019 年，國內地方自治體的回收率平均為 19.6%，（註3）上勝町回收率 80.8%，究竟是怎麼做到的呢？

2 環境先進都市「上勝町」的過往歷程

■從垃圾處理問題到「零廢棄物宣言」

上勝町位於德島縣中部，是距離德島市中心部約 40 公里，車程約 1 個小時左右的山間小鎮。町域大部分是山，平地約只有 1.8%，所以可看到美麗的梯田景觀。而町域的 88.3% 是山林，其中的 80% 是杉木的人造林。

上勝町的人口在 1955 年達到巔峰，有 6,236 人，但在 2015 年減少至 1,545 人，65 歲以上的人口約占 53% 等，少子高齡化的情況十分嚴重。

上勝町現在採取「垃圾分成 45 種類」等，社區不再有焚燒、掩埋等措施；其實在 1990 年後半以前，並沒有進行垃圾分類，而是直接在野外焚燒處理。之後因為施行容器包裝回收法，從 1997 年開始垃圾便分成 9 種類進行回收，而從 1998 年起，分類增加至 22 種，也設置了兩座小型焚化爐，希望能改變在野外焚燒的習慣。但是因為戴奧辛對策特別處置法的施行，所以到 2000 年 12 月，只運轉了三年的小型焚化爐就關閉了。於是在 2001 年，垃圾開始分類成 35 種。

2003 年來到上勝町視察的美國聖勞倫斯學院保羅・科內教授建議不要只是廢棄物的回收再利用，而要思考如何「減量」。於是，在同年 9 月會議上，上勝町發表國內首次的「零廢棄物宣言」。

宣言中，設定了「進行垃圾再利用、再資源化，在 2020 年之前不再做焚燒、掩埋的處理」的明確目標。此目標與 SDGs 所設定的大目標相同，都是非常難達到的。但上勝町企劃環境課的菅翠回想起它所帶來的效果，表示「因發表了零廢棄物宣言，讓上勝町的目標變明確，也更積極地投入」。

■不丟廚餘─以家庭協助為基礎，戰略性的垃圾處理模式

為了實現「零廢棄物宣言」，政府究竟跟居民一起採取了什麼樣的措施呢？

首先，需要先了解上勝町垃圾收運的模式。上勝町從 2016 年起便開始 13 類 45 種的垃圾收運（圖 2）。

在上勝町，每個家庭的廚餘都用家庭用堆肥機來處理。為普及家用堆肥機，上勝町從 1991 年開始提供購買補助，購買者在購買電動廚餘處理機時，只需要負擔 1 萬日圓，其餘費用由町來負擔。餐飲業者則是使用由公會的業務用電動廚餘機處理。

圖 2　「令和 2 年度版上勝町資源分類指南」的封面（左）及分類表（右）（註5）。

家庭廚餘透過堆肥機處理就減少焚燒費用了。2017年度，上勝町的垃圾量是286噸。要是全部都焚燒或掩埋的話，據說需要花費1,470萬日圓。但其中的80%若能再資源化，就能控制在593萬日圓，比起完全不分類大概能降低六成的垃圾處理費。而且紙張及金屬會由業者資源回收，會有213萬日圓的收入。

而廚餘以外的廢棄物則可自行載到町內的「垃圾站（上勝町零廢棄物中心內）」，如此一來，町內便不會有垃圾車收運垃圾。但是有針對高齡者，或是沒有車的家庭提供兩個月免費一次的（大型垃圾須付費）垃圾收運。

■與垃圾回收、排放有關的課題思考

關於「垃圾站」的回收，町民是怎麼想的呢？

根據2017年上勝町所發表的調查結果（註6），回答「稍微滿意」或是「相當滿意」的人占86%，尤其70～80歲左右的高齡者滿意程度更高。也有人表示，這麼做可以養成垃圾分類以及將垃圾拿到垃圾站的習慣，而且這也是跟其他人交流的好機會。另一方面，回答「垃圾分類太難了」的人占46%，從這個數據讓上勝町了解到，今後將垃圾分類簡單化是必須的。

菅翠告訴我們，「因為町民的通力合作，上勝町在廢棄物資源化有很大進展，但是每個人產生的垃圾量卻有增加的傾向。譬如放假時，町民去德島市購物時所產生的商品包裝，以及快時尚等會產生的廢棄物。其他還有像是宅配的過度包裝等，也可能是造成的原因（圖3）。」

圖 3　主導上勝町零廢棄物政策的菅翠。（提供：本人）

■取得町民協助的方案：積少成多點數、循環商店、循環工房

對於減少雜誌、牛奶盒、冰淇淋或優酪乳的紙杯，以及保鮮膜的硬紙芯等垃圾焚燒量有貢獻，且協助資源分類的町民，上勝町會發給「積少成多點數」（圖4）。「積少成多點數」可用來交換生活用品、兒童運動服、LED 燈等商品。

另外，在町內購物時，如果不用店家提供的購物袋也能獲得「積少成多點數」。町的宣傳單上也積極介紹一些只要自備容器就能購買散裝產品的商店，甚至為了減少紙尿布的垃圾量，實施贈送布尿布給家有不到 1 歲幼兒的家庭。

上勝町這樣採行各種措施，更是需要町民的協助。町民可以把還可以使用的非需要品，拿到緊鄰垃圾站的回收商店「循環商店」讓其他人能二次利用。至於還能再次利用的資源，則可拿到販售再生創意商品的「循環工房」重新改造後再販售。其他也有一般社團法人「向陽」經營的，稱為「循環餐具」提供再利用餐具的租借服務等，確實地以「社區循環」的概念來實現零廢棄物措施。

圖4　可儲存積少成多點數的「上勝町零廢棄物卡」。（提供：上勝町）

3 培養認知的體驗、交流型據點「零廢棄中心」

■以商業改寫，扎根於社區的零廢棄實踐

「上勝町零廢棄中心」是代表上勝町新象徵的公共複合設施（圖5）。趁著上勝町垃圾站在 2020 年 5 月 30 日「零垃圾節」開幕，總工程費大約 5 億日圓是利用國家的人口減少對策事業債^{（註7）}籌措的。

中心內除垃圾站之外，還有交流空間、共同工作空間以及前面提過的「循環商店」，另外也設置了能實際體驗零廢棄的住宿設施「HOTEL WHY」。

此設施以指定管理者制度來經營，上勝町委託給 BIG EYE COMPANY 株式會社（以下簡稱，BIG EYE）管理。垃圾處理業務雖然是町直接經營，但是 HOTEL WHY 等設施需要支付給指定管理人的費用，並不是來自於公費而是以 HOTEL WHY 經營所得的利益來支付的。

圖5 　俯瞰零廢棄中心，可發現它是設計成「?」圖案。

與上勝町合作的 BIG EYE 代表董事的小林篤司說，設施的經營並沒辦法長期仰賴管理費的（圖6）。

在大學學的是資訊工程的小林先生，進入德島市以食品檢驗為主要業務的 SPEC 株式會社擔任食品衛生相關的顧問，以及負責海苔的六級產業等。其表現傳入當時的上勝町長的耳裡，大約從 2011 年開始，小林便著手投入上勝町的地方活化項目。

但在一開始，地方振興政策當中最受到關注的並不是「零廢棄」，討論的重點還是放在風力及小型水力發電等再生能源上。

小林生先告訴我們，「當時，主要希望能以販售再生能源的電力收入來創造地方產業。但上勝町最重要的課題是『人口外流』。雖然再生能源策略對經濟有好處，但如果從『阻止人口外流』觀點來看，就跟社區活化沒有太大關聯。因此，提出以商業來改寫已扎根於居民生活的零廢棄之實踐。」

圖 6　小林篤司表達，「希望零廢棄中心能成為展現解決地方課題的地方」的
期望。

圖 7　RIZE & WIN 翻譯成日文就是「上勝」，從命名也可看出對上勝的愛。

（提供：上勝町）

■開始公私協力前的調整及挑戰

公私協力並不是馬上就能上軌道的。

小林先生回想「就算大聲疾呼要靠零廢棄讓城鎮復興，但討論了數年後，大多因為『從沒聽過靠垃圾來復興的』、『要是上勝町讓人產生垃圾社區的印象，不是更糟糕嗎』等理由被議會否決了。因為這樣，所以想靠自己做出成功案例，於是以零廢棄為概念，與『RISE & WIN Brewing Co. BBQ & General Store』（以下簡稱，RIZE & WIN）手工精釀啤酒工廠共同設置的餐廳在町內開張了。」

RIZE & WIN 是以廢棄材料再利用來興建的，可以帶著自己的環保瓶來零買啤酒，在體現零廢棄上下了很大功夫（圖7）。再加上媒體的報導，受到全國關注，而町議會也開始了解到零廢棄其實也能成為一種商業，於是「以零廢棄來復興城鎮」正式開始。

在 BIG EYE 擔任 CEO（Chief Environmental Officer: 最高環境責任者）的大塚桃奈表示，「一般家庭的垃圾分類規則是由行政機關訂定的，所以想要實現零廢棄的話，就必須以公私協力的方式進行。而如果希望透過公私協力實現零廢棄，那麼就必須由 BIG EYE 擔負起『唯有民間企業才能做到的任務』，也就是與町外企業及上勝町聯合起來，積極進行小規模的實驗性專案。」

■親身體驗徹底做好垃圾處理的方式

住在 HOTEL WHY 的話，入住時可以向服務人員登記參加學習體驗團。住宿時產生的廚餘也能跟家庭廚餘一樣，以堆肥方式來處理，所以零廢棄中心不會聞到臭味。

圖 8　HOTEL WHY 的住宿者在住宿期間，能體驗將垃圾分類後，丟進設置在各房間的 6 種垃圾箱（左），退房時可以體驗 45 種的垃圾分類（右）。

圖 9　垃圾分類顯示板（左），以及住宿者也能使用的堆肥設施（右）。

HOTEL WHY 為盡量避免垃圾製造，所以睡衣及盥洗用具皆由住客自行準備。各個房間按照①紙張 ②塑膠 ③瓶、罐、寶特瓶 ④其他類塑膠 ⑤廚餘 ⑥其他的 6 種分類來準備垃圾桶（圖 8，左）。志願者可在退房時（每天早上 9 點開始），跟町民一樣前往垃圾站做 45 項垃圾分類（圖 8，右）。

嘗試將垃圾分類成 45 項後，可能會因「竟然分得這麼細」而感到驚訝。裝盛麵類及湯等紙杯，為了不占空間，所以必須遵守先用剪刀剪開後壓平的規則。

標示垃圾分類的顯示板上，寫有「入」及「出」的文字。「入」是作為資源交由業者收購，所得金額作為町的收入，而記載於右側的數字則是販售 1 公斤的收入。「出」則剛好相反，所指的是上勝町的支出。譬如在「必燃物」的分類顯示板上，會標示「出 60 日圓」（圖 9，左）。為了處理 1 公斤町就需要負擔 60 日圓。

4 上勝町預見的 2030 年及迎向的未來

■從 SDGs 觀點加速零廢棄的措施

上勝町的措施與 SDGs 有很深的關係。

小林告訴我們，「SDGs 的達成期限雖然設定在 2030 年，但是會與公所一起思考應該如何規畫 2050 年、2100 年的上勝町。然後使用回溯分析法討論在哪個時間點該做什麼」，這正是運用了 SDGs 的回溯分析法。

「面對人口嚴重外流的上勝町，未來應該採取的手段，除了町民日常生活中的零廢棄外，我認為應賦予 SDG 11『永續城市與社區』的地位」，大塚說。

從 SDG 12「負責任的消費與生產」觀點來看，大塚小姐希望零廢棄措施的制定應該要朝著新階段來邁進。

她堅定地說，「我們採取的措施，是將焦點放在上勝町居民願意盡力減少垃圾量的『使用責任』措施。但市場販售的商品有些是混合了多種材料製作而成，消費者可能無法分類。為了實現零廢棄，企業也應負起『製造責任』。今後會與企業共同合作討論出解決對策，由零廢棄中心擔任連結『製作責任』與『使用責任』的角色。」

■對零廢棄產生積極印象

大塚在高中時期拿到文部科學省提供的獎學金「飛翔吧！留學 Japan」，為了學習時尚設計而前往瑞典留學。大塚小姐說，留學的經歷讓她對快時尚的流行及少子高齡化等問題，造成日本紡織工業衰退等議題產生興趣，開始會思考「透過時尚如何改變社會」這個問題。在大學時期再次前往歐洲留學的大塚，接觸到循環經濟的想法(註8)，之後 2020 年搬到上勝町，希望能將此想法實現；而作為零廢棄中心的領導者，大塚小姐全心致力於「零廢棄」的實踐，並將相關訊息傳遞至國內外（圖 10）。

看到大塚的努力，一些對環境問題有興趣的年輕人也前來上勝町拜訪。

「最近透過 SDGs，很多人開始對上勝町的措施感到興趣，SDGs 就像是『助力』般的存在。希望能讓造訪零廢棄中心的人了解，實現零廢棄並不是件麻煩的事，而是創造未來的積極作法，而且最好能跟解決地方課題的新措施一起思考並執行」，說這段話時，大塚眼睛閃閃發亮。

圖 10　大塚桃奈的留學及研究經驗，對於現在工作非常有幫助。

■發表加速進行的宣言並重視 "發掘人才" 課題

在 BIG EYE 推動零廢棄措施的同時，町也發表了以 2030 年為達成期限的新「上勝町零廢棄宣言」，更進一步加快推動的速度（圖 11）。

菅翠告訴我們，「之前的零廢棄宣言中，還尚待努力的應該是有關『發掘人才』的部分，我想所指的應該就是有關『發掘人才』部分。因此就像 2020 年 12 月 18 日發表的零廢棄宣言，在今後的 10 年，在新時代領導者輩出的『發掘人才』部分，希望能吸引更多人注意。」

在面對人口外流、高齡化等各種課題時，行政、企業以及居民共同合作，實踐零廢棄的嶄新社會模範的上勝町，向我們展現 SDG 11「永續城市與社區」的樣貌。

■參考文獻
1.『SOTOKOTO』2020 年 9 月號「思考地球的未來，學習『HOTEL WHY』pp.22-27、sotokoto online 股份有限公司發行」

■譯註
容器包裝回收法：回收普通家庭中作為垃圾排放的產品的容器和包裝（瓶子、PET 瓶、紙盒、薄膜袋、塑料購物袋等）而制定的法律。

戴奧辛對策特別處置法：鑒於戴奧辛是可能對人類生命和健康產生嚴重影響的物質，故為了防止戴奧辛對環境造成污染，因此在西元 1999 年制定了《戴奧辛類對策特別措置法》，內容包括了戴奧辛相關的對策及應遵守的各項標準。

企業版故鄉稅：企業捐款至政府帳戶，等同繳納稅金，該帳戶則作為地方創生專款專用。具體推動做法是，都道府縣或市町村所擬定的地區活性化政策，若經政府認定為有效可行，則企業對該認定項目捐款給地方自治體，捐款金額可從法人稅或法人住民稅中扣抵。

上勝町零廢棄宣言

在 2003 年零廢棄宣言之後經過了 17 年，上勝町的每一位町民努力減少垃圾量，回收率已達到 80% 以上。小社區的大挑戰，引起世界各國關注，顯現出通往永續發展社會的大道。

我們期待能成為，有著豐饒大自然，每個人都能感受到幸福，大家都能實現自己夢想的市鎮。

上勝町作為零廢棄的先驅者，「發掘能把未來孩子們生活的環境當作是自己的事情來思考，並且採取行動的人才」，這是在 2030 年前的重點目標，再次鄭重提出零廢棄宣言。

1 零廢棄讓我們的生活更富足。

2 在市鎮進行實驗及挑戰，讓垃圾變成零。

3 創造能學習零廢棄與環境問題的機制，讓新時代領導者輩出。

2020 年 12 月 18 日

圖 11　2020 年發表的上勝町零廢棄宣言（註9）

■註釋
註 1　總務省「報導資料 從統計觀察我國高齡者」〈https://www.stat.go.jp/data/topics/pdf/topics126.pdf〉（最後存取日：2021 年 8 月 10 日）
註 2　聯合國人口基金網站「世界人口變動圖表」〈https://tokyo.unfpa.org/ja/resources/%E8%B3%87%E6%96%99%E3%83%BB%E7%B5%B1%E8%A1%88〉（最後存取日：2021 年 8 月 10 日）
註 3　環境省「關於一般廢棄物的排出及處理狀況等（令和元年度）」〈https://www.env.go.jp/recycle/waste_tech/ippan/rl/data/env_press.pdf〉（最後存取日：2021 年 8 月 10 日）
註 4　聯合國宣傳中心網站〈https://www.unic.or.jp/activities/economic_social_development/sustainable_development/2030agenda/sdgs_logo/sdgs_icon_black_and_white/〉（最後存取日：2021 年 8 月 9 日）
註 5　上勝町網站「令和 2 年度版上勝町資源分類指南」〈https://www.kamikatsu.jp/docs/2017040700010/file_contents/R2betsugideobook.pdf〉（最後存取日：2021 年 8 月 9 日）
註 6　「宣傳 KAMIKATSU」2017 年 7 月號、p.12
註 7　所謂的過疏對策事業債是「作為根據過疏地域自立促進特別措置法（平成 12 年法律第 15 號），被指定為人口減少地域的市町村，在以人口減少地域自立促進市町村計畫為基礎所進行的事業財源，特別發行的地方債」（務省自治財政局財務調查課「關於人口減少對策事業債」〈https://www.soumu.go.jp/main_content/000478828.pdf〉（最後存取日：2021 年 8 月 28 日）
註 8　參考本書 p.201
註 9　以 Zero Waste Kamikatsu 網站〈https://zwtk.jp/〉為參考，作者編寫。

案例 10 以資源循環為目標的循環聚落

鹿兒島縣大崎町 × 合作株式會社

——大崎町

1 丟棄就是垃圾，分類就是資源

　　知道是誰在你居住的地方丟棄垃圾嗎？這些被丟棄的垃圾又是怎麼處理的呢？由垃圾車收運的垃圾會載往掩埋場掩埋，或是送進焚化爐焚燒，不然就是回收再利用後轉手到其他人手中，每一個階段都跟許多人有關。

　　從 SDGs 的脈絡來看，促進再利用是在強調 SDG 12「負責任的消費與生產」的重要性（圖 1）。細項目標 12.5 設定了「在 2030 年以前，透過預防、減量、回收與再利用大幅減少廢棄物的產生」。或許就因為對「廢棄物」的關注，然後再搭配「丟棄就是垃圾，分類就是資源」的宣傳口號，讓鹿兒島大崎町每年的再利用率超過 80%。

圖 1　SDGs 核心目標 12「負責任的消費與生產」
（出自：聯合國宣傳中心，[註1]）

2 受到國內外注目的「大崎系統」

■全國先驅的再利用先進都市

位於大隅半島東南部，從鹿兒島機場搭車需要 1 個小時的大崎町，總人口數約有 12,000 人。重點產業是農業，而因為鰻魚、芒果、百香果等產物可做為贈品，2015 年故鄉稅額為全國第一。

另外，大崎町從 2006 年度開始，連續 12 年拿到再利用率全國第一的好成績。在這之前，大崎町提出「SDGs 型的再利用地域經營」概念，榮獲第二回日本 SDGs 獎副本部長獎（內閣官房長官獎），之後也獲選定為 2019 年度 SDGs 未來都市，以及地方自治體 SDGs 模範事業。

■垃圾掩埋場使用期限成為契機

現在的大崎町是以「推動再利用的先進都市」而廣為人知，但在過去也存在町內沒有垃圾焚化設施的課題。

1990 年代後半，大崎町並沒有將垃圾分類成可燃及不可燃垃圾，而是混雜一起，直接載往垃圾掩埋場掩埋（圖 2）。不過，因為從 1990 年啟用的垃圾掩埋場，預計 2004 年就會到達掩埋容量上限，為了盡量延長使用年限，開始進行垃圾分類回收。

圖2　從 1990 年代開始使用的垃圾掩埋場，預計只能使用到 2040 年。

（提供：大崎町）

　　當時，行政部門有①蓋焚化爐、②蓋新的垃圾掩埋場、③讓目前使用的掩埋場使用年限延長三個選項。但是，興建垃圾焚化爐的話，蓋好後需要花很多錢維護，而如果是新蓋垃圾掩埋場的話，居民應該會以廚餘等有機物會產生惡臭為由，強烈反對吧！

■支持系統的行政、居民、企業的各自任務及合作

　　因此之故，大崎町選擇「延長既有垃圾掩埋場使用年限」的作法，設定 27 項「垃圾分類規則」，與居民通力合作，建構出之後稱為「大崎系統」的分類回收制度（圖 3）。讓大崎系統發揮功能的背後，是行政、居民及企業的合作（圖 4）。

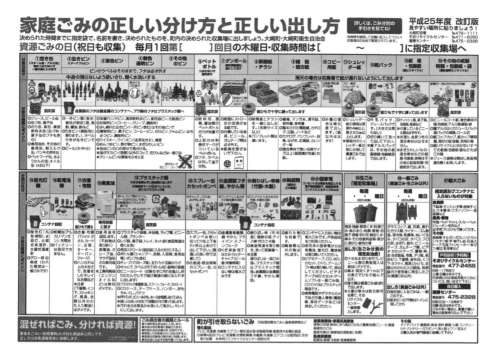

圖 3　光是瓶子就分成 4 類，大崎町垃圾分類規則的品項多到驚人。（註3）

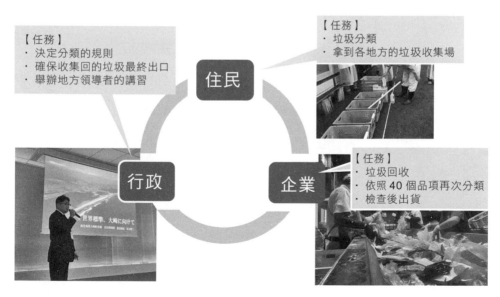

圖 4　行政、居民、企業三方的公私協力是大崎系統成功的關鍵。（以大崎町提供的照片，以及作者拍的照片，由作者編寫）

首先行政單位可以做到的有，訂定分類品項的規則，確保收回的垃圾最後處理方式，並且以各地區協助垃圾回收人員為對象舉辦講習。

　　接著是居民能夠做的有，仔細地做好垃圾分類，將垃圾拿到稱為「垃圾站」的各地區垃圾收集場。剛開始實行時總共開了 450 場說明會，鎮公所職員親自前往每一個社區，說明垃圾掩埋場面臨的課題，以及垃圾分類的規則等。

　　然後，大崎系統是委託 SO 資源回收中心株式會社進行回收。居民回收時是分類成 27 項，到了資源回收中心後，會進行檢查並再次分類成 40 項，然後再「出貨」給買家。

　　大崎町住民環境課的松元昭二告訴我們大崎系統成功的秘訣，他說「大崎系統的成功祕訣就是，行政、居民及企業三方的合作及努力。當中，居民的角色相當重要。行政機關設定再完備的規則，企業架構出再怎麼好的模式，如果居民不進行分類的話，大崎系統就不可能成功的。所以此模式的主角是居民」（圖 5）。

圖 5　松元昭二告訴我們「居民的協助是大崎系統成功的關鍵」。（提供：大崎町）

進行一連串措施下來，2018 年的垃圾掩埋處理量要比 1998 年減少了 85%。而至 2020 年為止，垃圾掩埋場預估剩餘年限約 35 ～ 45 年，大幅延長了使用年限。

而且大崎町丟棄的垃圾當中，廚餘及草木約占 60%。廚餘由兩位職員來管理，調整水分使其發酵後做成堆肥，以「回來吧，小環」名稱販售。如此推展將廚餘當作新資源循環利用。

■大崎系統技術移轉至印尼

大崎系統並非只運用在町內而已。大崎町與獨立行政法人國際協力機構（JICA）合作，讓大崎系統也能運用到印尼的地方自治體，幫助他們解決地方課題。

大崎町在有著垃圾焚化爐不足，以及掩埋場使用期限逼近等同樣課題的德波市，利用 2012 ～ 2014 年度這三年時間，透過廚餘堆肥協助其進行垃圾減量措施。

另外，在 2015 ～ 2016 年度在總人口數超過 400 萬人的峇里省，及之後 2021 年度也協助雅加達推動大崎系統。技術指導調派職員前往的同時，也積極邀請當地地方自治體職員，前來視察垃圾分類的情形，以及學習廚餘、草木堆肥技術。

大崎系統傳出海外對地區有什麼好處呢？大崎町企劃調整課長中野伸一這麼說（圖 6）。「原本大崎系統是為了解決垃圾的生活課題才開始的，而總人口數只有 1 萬左右的大崎町，能對人口數超過 200 萬的海外地方自治體有所貢獻這一點，給國內其他小規模的地方自治體帶來了勇氣及希望。而且對職員來說，得到從零開始建構大崎系統的機會，對於提升職員能力應有幫助。對我來說，透過將大崎系統傳到海外的業務，內心受到鼓舞。」

圖 6 與海外地方自治體合作有十分有經驗的中野伸一。（提供：大崎町）。

3 以資源循環型的地方社會為目標的市鎮再造

■從資源再利用轉型為循環經濟的挑戰

　　具有連海外自治團體都關注其動向的大崎町希望進一步地朝「資源循環型市鎮再造」前進，因此結合金融機關為主，與德島縣內外不同企業在 2021 年 4 月設立「一般社團法人大崎町 SDGs 推進協議會」（以下簡稱協議會）。

　　大崎町作為此協議會的中心，希望藉由減少拋棄式容器與減塑活動，建構一個資源循環型的「circular village（循環社區）大崎町（圖 7）(註4)。」

圖 7　呈現大崎町所期待的「願景地圖」。（出自：大崎町網站）

■負責推動 SDGs 的合作股份有限公司

從協議會成立初期便參與的企業之一，合作株式會社（以下簡稱合作），現在負責大崎町 SDGs 推進協議會的事務局，擔任大崎町推動 SDGs 事業的重要角色（圖 8）。

合作株式會社的代表齊藤智彥以地方再造為目標，在山梨縣富士吉田市設立、營運財團法人，加上設計與創意的觀點，投入解決地方課題，是一位在市鎮再造領域有豐富經驗的專家。

齊藤 2018 年 6 月第一次造訪大崎町，對於大崎町公所職員對工作的投入感到相當敬佩，表示想知道連續 10 年得到全國資源再利用率第一的祕訣。之後便定期造訪大崎町，加深與町公所的合作，在分析町的

現狀及課題當中，對重視環境問題的現代社會來說，大崎町的作法應該會有所貢獻。。

圖 8　在公私協力及宣傳等，具備高度專業性的合作株式會社。
（提供：合作株式會社）

■何謂公私協力的適任人才

2019 年 1 月，齊藤以企業外調的方式，從原來任職的民間企業轉調至大崎町擔任政策輔佐監，開始以町公所一員的身分實際負責大崎町的活動。齊藤回想起在這段期間，能夠深刻感受到公私協力的必要性以及可能發生的衝突。

齊藤說，「因為大崎町贏得『資源再利用率全國第一』的好成績，所以吸引對環境以及推動 SDGs 有興趣的縣內外企業關切。而大崎町也想要推動 SDGs，兩邊需求正好一致。」

但另一方面，企業與行政的溝通語言及習慣不同，也出現許多還沒發展到具體合作就不了了之的狀況。

譬如說，就算企業向行政部門表示「設立特別目的公司（SPC）（註5），借助商業力量來解決大崎町的課題」，但行政部門卻因為沒有設立 SPC 的相關知識與經驗，根本沒辦法回應企業。加上行政速度很難與日新月異的企業速度匹配，所以待討論的案件可能就這樣被忽略了。對於類似的狀況，我有深刻的體會。

這個問題連合作的行政部門也能感受到。

大崎町公所的中野及松元回想起當時「譬如地區活化這個用語，企業方考慮到的是『什麼事情對廣大社會是有益的』，而行政部門第一個想到的是『對町民有益的事情是什麼』。希望社會變得更好的想法，跟實際進行的措施就算是一樣的，但行政會多一項工作，就是讓地方居民容易了解措施會帶來的成效。齊藤移居到大崎町，想要從町民的立場理解這個過程的差異。希望能站在相同立場來思考的齊藤花了超過三年時間建構信賴關係，相信這是讓合作更加順利的關鍵。」

■組織營運在保有民間企業效率下進行

齊藤與老朋友西塔大海（時任合作株式會社董事）商量，設立了合作株式會社這間公司。之後合作株式會社透過齊藤等人從中牽線，成立了一般社團法人大崎町 SDGs 推廣協議會。

在設立協議會時，在制定企業也認同的營運規定時，協議會的經營資金籌措則是來自於國家也會運用的企業版故鄉稅（註6）。

協議會是以外部評價的方式對定期舉辦的活動進行評價，對於無法順利推廣事業的企業會解除契約，而相關事務工作皆由合作株式會社來負責，讓協議會成為具有企業速度感的推動事業體制。

「在過去，只要使用地域振興協力隊（註7）及國家補助金就能達成目的。但是我發現必須要回頭去思考，想要達成目的需要什麼？然後根據想要達成的目標，在事業契約應該也要調整成合適的內容。而就這

次的專案來看，不但目標明確而且效率也很重要，所以在執行時，就需要選擇已明確劃分出責任範圍的契約型態」齊藤說。

4 從「解決垃圾問題」來思考系統的進化

■讓大崎町民擁有世界觀點

2021 年 4 月，又有 5 位新成員加入了合作株式會社，其中一人就是擔任董事的鈴木高祥（圖 9）。

他不但是負責研習活動的「株式會社 KAZEGUMI」代表，也是一般社團法人 Think the Earth 的幹部，具備推廣 SDGs 的完整經歷。而從 2017 年開始，也跟茨城縣政府共同進行縣民移居事業，在公私協力方面有相當豐富的經驗。以關心大崎町活動的社會人士與學生需求為參考，投入了「與企業合作事業」的經營，鈴木回想起第一次拜訪大崎町時感到驚訝的事。

「在大崎町車站購物時，我很驚訝竟然到處都沒有看到垃圾桶。我猜這可能是大崎町的居民在下意識早就養成了『不丟棄』垃圾的習慣。」

在那之後，鈴木回到東京繼續工作，但是每個月都會有幾天來住大崎町，因此對大崎系統有更進一步的了解，這個時候他又注意到一件事。

「大崎町『盡可能選擇以原材料製作的商品』讓人印象深刻。以襪子為例，商品標籤是紙製，固定扣夾是金屬製，襪子本身則是布製，而包裝是塑膠，如果要販售使用了各種材料製作的襪子，那麼以大崎町的垃圾分類方法來分類，最起碼要分成 4 種。所以如果都是使用同

圖 9　從 2017 年開始，與朝日新聞社共同舉辦研習活動，對於 SDGs 見聞廣博的董事鈴木高祥。擔任合作的董事後，生活重心放在東京及茨城，從事連結東京圈及大崎町的業務。（提供：本人）。

一種材料製作的話，那就不用花功夫分類了。從『不用花功夫去做垃圾分類』的這一點來思考，或許能替開發永續發展商品帶來一些靈感吧！」

　　齊藤也認為，大崎町的做法說不定能解決世界課題。

　　「關於大崎系統的分類詳細程度已經很完美了。但如果從商品原物料購買到商品廢棄的『生命週期評估（LCA）』觀點來思考，分開丟棄的這個行為只不過是整個周期的一部分，應該不會有太大影響。而且大崎町的居民購買的也不是特殊商品，就只是在一般商店就能買到的普通商品。要是大崎町能成為全世界的參考的話，或許就能改變商品製作與服務提供的現狀了。」

■ Yahoo 企業版故鄉納稅的捐款對象

　　在公私協力體制已趨近完善的 2021 年 8 月，Yahoo 株式會社（以下簡稱 Yahoo）選擇大崎町作為邁向減碳及資源再利用的企業版故鄉稅的捐款對象。對於地方自治體為迎向碳中和而採取的地方創生措施，

Yahoo！JAPAN 捐助的「Yahoo！JAPAN 地方碳中和促進專案」中的八個地方自治體，大崎町就是其中一個。大崎町從 Yahoo 獲得 4,600 萬日圓的捐款，擴展大崎系統。

　　大崎町在協議會的營運資金是採用企業版故鄉納稅，但它只能用於達成 SDGs（不只有大崎町獲得利益，而是為了廣大社會所進行的事業）來支出的，希望能跟其他地方自治體的企業版故鄉納稅作法做一區別。

■展望與町公所合作的大崎未來

　　町公所職員的積極與見識，再加上齊藤及鈴木等民間企業的力量，大崎町讓大崎系統進一步升級建構「NEW 大崎系統」。

　　齊藤說「協議會目前正在討論三個做法。首先是採納專家所提出的意見，進行區域環境評估。接著是從 LCA 觀點，進行①改善商品設計②改變銷售方式③改變物流及回收的三階段改變，為了實施大崎系統而與企業共同合作，測試『循環型設計』。然後，藉由建構出的新大崎系統擴展至全世界等作法，成為達成 SDGs 的典範」。

　　松元眼睛閃耀著光芒，他說「以公私協力方式來推動 SDGs，不但能獲得民間企業的智慧及創意，同時也帶來了通往下一階段的契機。將 SDGs 當作工具，讓推動過程可以更順利」。

　　再利用率是日本第一，對印尼等海外都市的課題解決也有所貢獻的大崎町，是 SDGs 觀念最為尖端的「課題解決之先進地」，今後應該會受到世界更多的關注。

■註釋

註 1　聯合國宣傳中心網站〈https://www.unic.or.jp/activities/economic_social_development/sustainable_development/2030agenda/sdgs_logo/sdgs_icon_black_and_white/〉（最後存取日：2021 年 4 月 10 日）

註 2　參考『SDGs × 地方自治團體實踐指南』pp.85-92

註 3　大崎町網站「家庭垃圾的正確分類方法及正確的丟棄方法（日語海報）」〈https://www.town.kagoshima-osaki.lg.jp/jk_kankyoutaisaku/kurashi/gomi/bunbetsu/documents/gomibunbetsu.pdf〉（最後存取日：2021 年 9 月 3 日）

註 4　大崎町報導資料「『從再利用的市鎮，成為創造世界未來的市鎮』連續 12 年再利用率是日本第一的鹿兒島大崎町，與企業共同進行為達成 2030 年 SDGs 而實施的檢測實驗，以及設立培育人才的協議會」〈https://www.town.kagoshimaosaki.lg.jp/kc_kikakuseisaku/documetns/pres.pdf〉（最後存取日，2021 年 5 月 27 日）

註 5　所謂的特別目的公司（SPC），就是「事業內容特定，以經營某特定事業為目的的公司。按照『特定目的公司之特定資產流動的相關法律（SPC 法）』的估定，以不動產、記名金錢債權等資產流動為目的之特別目的公司為代表。」(EY 新日本有限責任監察法人網站「用語集・特別目的公司」〈https://www.shinnihon.or.jp/corporate-accounting/glossary/financial-instruments/tokubetsu-mokuteki-gaisya.html〉（最後存取日：2021 年 8 月 14 日）

註 6　所謂企業版故鄉納稅是，「如果企業對由國家認定的地方公共團體的地方創生專案進行捐款，那麼會從法人關係稅扣除稅額的制度」。內閣府地方創生推進事務局「企業版故鄉納稅」〈https://www.chisou.go.jp/tiiki/tiikisaisei/portal/pdf/R2panph.pdf〉（最後存取日：2021 年 9 月 4 日）後

註 7　地方振興協力隊是指「從都會區搬遷至人口外流等條件不佳的地方，提供地方品牌及當地產品開發、販售、PR 等的地方振興支援，或是從事農林水產業，居民支援等的『地方協助活動』，期望定居於此地方」（出自：總務省網站「何謂地方振興協力隊」〈https://www.soumu.go.jp/main_sosiki/jichi_gyousei/c-gyousei/02gyosei08_03000066.html〉）（最後存取日：2021 年 9 月 6 日）

註 8　所謂生命週期評估是指「透過製品及服務的生命週期來評估對環境的影響」。環境省「資源再利用，以及減少氫能等溫室氣體效果相關的 LCA 指導方針」〈https://www.env.go.jp/earth/ondanka/lca/index.html〉（最後存取日：2021 年 9 月 28 日）後

■參考文獻

1　朝日數位報「以垃圾分類回收超過八成 鹿兒島縣大崎町期待的循環型社會」〈https://www.asahi.com/sdgs/article/art_00093/〉（最後存取日：2021 年 5 月 27 日）

2　.greenz.jp「再利用率日本第一的市鎮成為『創造世界未來的中心』。在鹿兒島・大崎町，合作股份有限公司開始的 "SDGs 正中間"工作是？」〈https://greenz.jp/2020/12/25/gassaku_kyujin/〉（最後存取日：2021 年 5 月 27 日）

以「共通語言」性質的 SDGs 角度
觀察海外地方自治體（美國波特蘭市）

具高包容性、透明性的行政營運型態

●全美最適宜居住的市鎮

總人口約有 65 萬人的波特蘭市，位於美國西海岸北部奧勒岡州，以「全美最適宜居住的市鎮」而聞名。州治所在地的塞倫市是奧勒岡州的政治中心，而波特蘭市則是經濟中心。1959 年與札幌市締結為姊妹市，透過運動比賽，以及札幌市立高等學校的學生前往波特蘭格蘭特高中等模式進行交流。另外，從 2004 年至 2016 年，東京財團以地方自治體的職員為對象，進行訪談型研習專案，是一個備受國內地方自治體關注的市鎮。

根據在波特蘭市居住將近 30 年，從 2004 年開始在波特蘭州立大學擔任講師的行政學者西芝雅美（同大學哈特菲爾德公共管理研究所行政學部部長）表示，波特蘭市的市鎮再造與 SDG 11「永續城市與社區」及 16「和平正義與有力的制度」有密切的關係（圖 1）。

那麼波特蘭市的市鎮再造究竟跟 SDGs 有什麼樣的關係呢？

感謝西芝的協助，讓我們可以從 SDGs 與公私協力的觀點，介紹以「居民為主體的市鎮再造」為關鍵的美國波特蘭市的作法。

16
和平正義與
有力的制度

圖 1　SDGs 的核心目標 16「和平正義與有力的制度」

（出自：聯合國宣傳中心，註1）

●全美也很少見的委員制行政系統

第一個特徵就是，行政部門的營運型態。

西芝說「在美國，各地方自治體能自行選擇行政部門的營運型態。波特蘭市採用的不是在美國成為主流的城市管理制度，而是選擇了委員制 (註2)（圖2）。人口超過 10 萬以上的城市採用委員制的，全美國只有波特蘭，是非常稀有的特色」。

波特蘭市的委員制，是以直接選舉的方式選出 5 位委員（議員），其中兼任市長。任期為 4 年，市長及委員具備立法、行政、準司法機能。

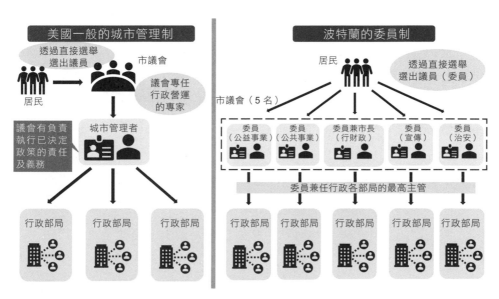

圖2　一般的城市管理制，以及波特蘭的委員制的差異。(註4)

圖3　西芝接待許多來自日本的地方自治體職員，提供成長的機會。
（提供：本人）

　　市長跟委員們每一個星期會召開「委員會議（市議會）」，進行市政府預算編列及條例、規則等制定。委員同時也擔任市部局的最高主管，也必須參與所管轄部局的營運。

　　關於市長與委員的關係，西芝表示「決定哪一個部局由哪一位委員負責是市長的權限」（圖3）。

●居民參加的關鍵在於委員的態度及透明性

　　那麼只要採用委員制就能促進居民的參與嗎？

　　「波特蘭市之外，美國也有其他都市採用委員制。但並不是城市使用委員制居民就會踴躍參與，委員制並非居民參與的決定性因素。但是委員制能直接傳達居民的意見，這有可能成為促使居民參與的要素。」西芝說。

　　西芝繼續說，「委員並不是代表地區，而是代表了全體市民，所以必須

聽取市民的意見，然後反映在政策上。相較於日本，來自居民的監督較為嚴格，如果居民向委員提出的建議沒有實現的話，下次選舉就可能落選，因此委員們也會認真聽取居民的聲音。尤其是前市長山姆・亞當斯，最喜歡聆聽居民的意見了。市長偶爾會親自成為引導師，跟居民舉行圓桌會議（round table discussion）。會議的情形也會在有線電視上播放，山姆・亞當斯前市長給人一種『跟居民站在一起』的印象」。

像這樣具透明性的行政營運，對 SDGs 的細項目標 16.6「在所有階層發展有效、負責且透明的制度」及 16.7「確保各個階層的決策回應民意，是包容、具參與性且有代表性的」是有貢獻的。

居民參加交通系統

●從戰後道路建設計畫的反對運動來看居民參與的歷史

接著，從都市計畫的觀點來看吧！

美國在第二次世界大戰後，汽車的普及促使州間高速公路建設的速度加速。其中，奧勒岡州也規畫了一個要在波特蘭市東側的胡德山與市區之間建蓋一條高速公路的「Mt. Food Freeway」的計畫。

但在 1969 年具體實施的計畫當中，建設高速公路之前，必須先行將位於建設預定地的住宅拆除，引起當地居民的反對，再加上環境保護運動的盛行，使得反對運動更為劇烈。之後，反對派的市議會議員尼爾・戈爾德施密特提出停建「Mt. Food Freeway」的主張，並在 33 歲當選市長。1974 年，聯邦地方法院判決「Mt. Food Freeway」的路線選擇並不合法，建設計畫就此中止。

因為這個結果，市政府獲得聯邦政府許可，將計畫經費移轉至其他公共交通事業。用這些資金，導入「MAX」的路面電車（LRT）（註5）。

●考慮不同使用者的路面電車設計

1986 年引進的路面電車，至今仍是許多居民及觀光客的移動工具。營運主體是負責巴士及輕軌等都市圈交通公共管理的特別行政單位「三線都會區交通局」（圖4）。

為了讓使用輪椅的乘客也能方便乘車，路面電車採用了低底盤車廂，設計成「只要按下車廂內外的按鈕，車廂內會自動降下階梯，讓月台及車廂之間完全不會有高低差（註6）」。

這樣的考量對 SDG 11 的細項目標 11.2「在 2030 年以前，為所有的人提供安全的、負擔得起、可使用的，以及可永續發展的交通運輸系統，改善道路安全，尤其是擴大公共運輸，特別注意弱勢族群、婦女、兒童、身心障礙者以及老年人的需求」有所貢獻。而且也能體現 SDG 10「減少不平等」的細項目標 10.2「在 2030 年以前，促進社經政治的融合，無論年齡、性別、身心障礙、種族、人種、祖國、宗教、經濟或其他身分地位」的作法。

圖 4　輪椅不須任何輔助就能乘車的路面電車在市內行駛。
（提供：西芝雅美）

從採用市民參與原則可看出行政職員的改革意識

●行政職員遵守的 7 項行動準則

波特蘭市不是將市鎮再造全部交給行政單位，而是進行能達成居民理想市鎮模樣的「居民參與的市鎮再造」。細項目標 11.3「在 2030 年以前，提高融合的、包容的以及可永續發展的都市化與容積，讓所有的國家落實參與性、一體性以及可永續發展的人類定居規畫與管理」，同時也是根據前述的細項目標 16.7 的作法。

近年活動中值得注意的是，2010 年開始，波特蘭市運用的「居民參加原則（Public Involvement Principle）」，是以「透明性」及「說明責任」等為基礎的行動原則，希望行政職員在執行業務時能夠遵守（圖 5）。

另外，為確保居民參與的正當性而設置「市民諮問委員會」（Public Involvement Advisory Council, PIAC），由委員會訂定每一項居民參加原則的標準，並且監督與評估是否有讓居民參與。

而且住民參加原則不是只有英文版，也有中文、俄文、西班牙文、越南文版本在網站上公開，對外國籍居民的包容性也有所保障。

●吸引居民參加的職員引導力

波特蘭州立大學希望讓職位在市政府課長以上的職員能夠成為行政部門內部的引導師並提供養成課程，課程由西芝擔任講師。像這樣與行政部門的密切接觸中，西芝表示「曾經遇過進行計畫時，不要把市政府職員當成專家，而是要去安排能跟居民溝通的場合，讓居民願意說出自己想法，像這樣的引導技巧是相當重要的」的市政府職員。

市民參與原則 Public Involvement Principles

原則 1	合作關係 （Partnership）
原則 2	早期參與 （Early involvement）
原則 3	關聯性與社區能力建構 （Building Relationships and Community Capacity）
原則 4	包容性與平等 （Inclusiveness and Equity）
原則 5	良好過程的設計及實施 （Good Quality Process Design and Implementation）
原則 6	透明性 （Transparency）
原則 7	說明責任 （Accountability）

圖 5　波特蘭居民與行政單位共同建構的 7 項居民參與原則

　　就如 SDG 16 提到的，想要實現永續發展的社會，維持公正的行政部門是重要要素。而為了達成目標，除了國內地方自治體之外，要是也能夠參考國外地方自治體的做法，說不定會產生新的觀點。而在吸取國外經驗時，就必須透過世界的「共通語言」SDGs，讓我們能夠以同樣視野來了解國外所實施的各項政策。

●與日本做連結的市鎮再造人才培育計畫「JaLoGoMa」

如一開始所介紹的，東京財團與波特蘭市共同合作，以地方自治體的職員為對象進行訪談型研究計畫「市鎮再造人才培育計畫：Japanese Local Government and Management Training(JaLoGoMa)」，但是自 2017 年以後，此項計畫由波特蘭州立大學以獨立財源繼續推動，希望能將有關波特蘭市的市鎮再造經驗與想法傳遞給日本的地方自治體職員。2020 年度及 2021 年度，因為新冠肺炎疫情升溫的關係，改為線上進行，可以看到來自全國與市鎮再造有關的人才參加（圖 6）。如果新冠肺炎的疫情獲得控制，計畫預定在當地進行。透過 JaLoGoMa 的機會，加深公私協力的觀念，對地方自治體的職員來說，應該會是個成長的機會（註9）。

圖 6　2021 年 度 的 JaLoGoMa 募集傳單。（註8）

■註釋

註 1　聯合國宣傳中心〈https://www.unic.or.jp/activities/economic_social_development/sustainable_develo pment/2030agenda/sdgs_logo/sdgs _icon_black_and_white/〉（最後存取日：2021 年 4 月 10 日）

註 2　所謂的委員制是指「議員兼任行政各部局的最高主管，同時擔任委員」，所謂城市管理制是「議會任命行政的專家（事務方面的最高主管），把執行議會決定之政策的責任及義務完全委託」（勝健志（2019）「向波特蘭學習市鎮再造」pp.40~43『國際文化研修』2019 秋 vol115. 全國市町村國際文化研修所）

註 3　在 2020 年 11 月的時間點，設置重新審視波特蘭市憲章的委員會，針對是否要從委員制調整為其他系統也有進行討論。

註 4　參考川勝健志（2019）「向波特蘭學習市鎮再造」pp.40~43『國際文化研修』2019 秋 vol115. 全國市町村國際文化研修所，作者編寫。

註 5　2020 年度實施的 JaLoGoMa 計畫的錄影帶教材為基礎記載

註 6　小谷通泰（2005）「支撐小型市鎮再造的公共交通系統—以美國波特蘭都會區為對象—」〈https://www.iatss.or.jp/common/pdf/publication/iatss-review/30-2-06.pdf〉（最後存取日：2020 年 9 月 5 日）

註 7　波特蘭市網站「City of Portland Public Involvement Principles」〈https://www.portlandoregon.gov/civic/article/312804〉（最後存取日：2020 年 11 月 8 日）

註 8　JALOGOMA 計畫網站〈https://sites.google.com/view/jalogoma-psu/home〉（最後存取日：2021 年 11 月 3 日）轉載

註 9　本稿是由作者參加的 2020 年度 JaLoGoMa 計畫的研修資料為基礎所編寫。

■參考文獻

1. 西芝雅美（2017）「美國奧勒岡州波特蘭『溝通』及居民自治：有全美最適宜居住市鎮之稱的理由」『思考市民參加的溝通』村田和代編著，摘要自 pp.199~220 HITSUJI 書房

2. 西芝雅美（2020）「第 1 章從 SDGs 看波特蘭」『培育人才的波特蘭及日本地方』川勝健志編著、pp.12~28 公人之友社

3. 札幌市網站「FUREAI」〈https://www.city.sapporo.jp/kokusai/sistercity/portland_3.html〉（最後存取日：2020 年 9 月 5 日）

4. City of Portland Website "Charter Commission"〈https://www.portland.gov/omf/charter-review-commission〉（最後存取日：2020 年 11 月 5 日）

第 3 章

加快今後
SDGs ✕ 公私協力
的 7 個關鍵

高齡化社會
一如何維持健康的居民生活一

---

1 找出「自己」切身的目標

■牽涉到不同問題的健康及福祉

SDG 3「良好健康與福祉」（圖1）設定了13項細項目標。其中含括了減少孕產婦及新生兒死亡率，交通事故造成的死傷者減半，大氣等污染導致的死亡、生病件數大幅減少等，範圍相當廣泛。

有關SDG 3，我們可以從細項目標3.2「消除可預防的新生兒及五歲以下兒童的死亡率」來觀察。比如，巴基斯坦的新生兒死亡比例為世界最高，22名新生兒當中就有1名死亡。相較於此，日本是全世界最低的，1,111人當中有1人，差距相當大[註1]。新生兒在全世界最安全的狀況下出生，以擁有高醫療水準自豪的日本，究竟需要面對什麼樣的課題呢？

■高齡化及 **2025** 年問題

日本直接面對的課題之一，就是高齡化（圖2）。2016年日本政府發表的SDGs實施方針，在範圍廣泛的SDGs核心目標、細項目標中，日本應全心投入的八項優先課題，就包括了「健康、長壽的達成」。

3
良好健康
與福祉

圖1　SDGs核心目標3「良好健康與福祉」。

（出自：聯合國宣傳中心，[註2]）

全世界少數的長壽國中，日本的平均壽命是，女性 87.7 歲，男性則是 81.6 歲（註3）。另外，再加上少子化的問題，日本總人口 1 億 2,571 萬人當中，65 歲以上人口有 3,619 萬人，高齡化高達 28.8%（註4）。因此，地區團體的營運及當地產業後繼無人的問題也相當嚴重。

而且少子高齡化所伴隨而來的，是社會福利費用的增加，這會對年輕世代造成很大負擔。出生於 1947 ～ 1949 年的團塊世代，到了 2025 年會成為 75 歲以上的高齡者，而他們會對社會福利費用的增加以及照護人才缺乏的「2025 年問題」感到不安，關於這一點媒體也都持續關注中。

雖然 2030 年是達成期限，但是以長期時間軸思考的 SDGs 觀點來看，為了不要給未來世代帶來負擔，必須同時應對及解決思考才行。

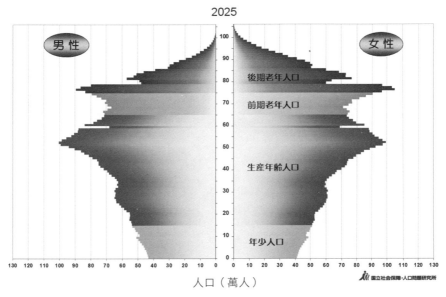

資料：1965~2015 年：國勢調查、2020 年以後：「日本預估將來人口」（平成 29 年預估，出生年齡中位數、死亡年齡中位數預估）。

圖 2　2025 年日本的人口金字塔

（出自：國立社會保障、人口問題研究所，註 5）

2 活用社會影響力債券（SIB）

■實施高自由度的介護預防計畫

作為因應此社會狀況的公私協力事業案例，可以介紹愛知縣豐田市自 2021 年 7 月起，推動介護預防的「保持活力！計畫」。

愛知縣內人口占第二位的豐田市，全市人口約 42 萬人，其中 65 歲以上人口約 10 萬人，高齡比率達到 23.8%。開始這個計畫的原因是，高齡化進展快速，新冠肺炎疫情嚴重導致高齡者運動及社交的機會大幅減少。豐田市在分析現狀後，認為對於市內高齡者照護風險增加，必須立刻採取應對措施。

「保持活力！計畫」中，透過提供嗜好及運動的機會，鼓勵高齡者參加社會往來，增加社交活動，希望這樣能降低長期照護的風險。譬如，實施音樂教室「活潑的大人鋼琴」計畫，以及在室內操作小型無人機的「用智慧型手機操作！用無人機來交流」，還有運用視訊會議系統的「使用 Zoom 來交流！豐田市的網路社區」等，由民間企業、團體提供各種不同的選擇。

■降低行政成本的 SIB 結構

豐田市未來都市推進課中神泰次課長表示「過去像這種獨創性高的介護預防事業，行政機關想要從政府拿到預算是很困難的，而且在實施方面也有其困難度。因此，豐田市活用社會影響力債券（以下簡稱 SIB），尋求民間企業的幫助。」

所謂的 SIB 就是善加運用民間資金，並且透過公私協力來解決社會課題事業。若事業進行順利，那麼就會是一種能減少行政成本的結構（圖 3）。

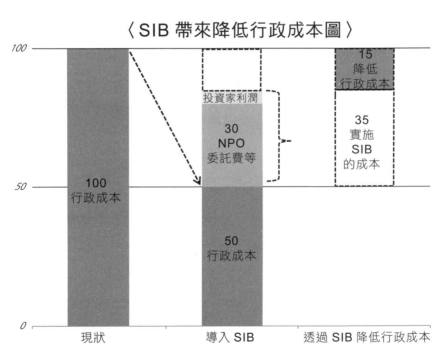

〈SIB 的一般方案〉

資金提供者

預設的投資者
機關投資者、金融機關、財團
個人投資者（投資 / 捐款）等

出資　　紅利

SIB 營運組織　　　地方自治體等

支付成果報酬
（成本減少的部分）

資金提供　　　　　　　　　　　　　反饋評價

服務提供者　　　　　評價組織

服務提供　　　　　　　評論服務及降低社會

受益者

〈SIB 帶來降低行政成本圖〉

100

100
行政成本

投資家利潤

30
NPO
委託費等

15
降低
行政成本

35
實施
SIB
的成本

50

50
行政成本

0

現狀　　　　導入 SIB　　　透過 SIB 降低行政成本

圖3　希望降低行政成本的 SIB 方案(註6)

首先，負責經營的 SIB 組織從投資者及金融機構等募集資金，然後再以這一筆資金提供給願意協助解決社會課題的企業等。

接著，由大學及監察法人等組織進行調查與評估，看企業所提供的協助是否與對居民產生的效益及影響，以及減少社會成本等存在著因果關係。最後再將評估結果回饋給地方自治體。

而地方自治體再參考評估組織所提供的回饋，將實際減少的社會成本作為報酬支付給 SIB。

因此對以解決特定社會課題的企業來說，在採行 SIB 之後，能夠減少扣除掉委託費及給投資者利潤後的行政成本。

■運用企業版故鄉納稅來籌措資金

當初，豐田市對「保持活力！計畫」構想是，最多只要準備 5 億日圓的事業金額，就能延長市內高齡者的健康壽命，而長期照護費用能夠減少 10 億日圓。

但是與長期照護有關的還有保險給付金，而這除了市民繳納的保險費外，其餘部分還是要由國、縣、市各自以公費來負擔的。從這一點來看，必須要籌措到 5 億日圓才能夠減少 10 億日圓的介護費用，而這對減輕財政負擔似乎沒有太大助益。

於是豐田市透過「企業版故鄉納稅」這一項制度，將三菱 UFJ 銀行等募集到 5 億日圓作為 SIB 的資金。而對企業來說，企業版故鄉納稅的捐款金額可當作稅前支出，具有節稅的效果。

■把企業管理交付出去，讓業務效率化

確保財源後的豐田市，向 SIB 有限公司 Next Rise Social Impact Action 提出，將「保持活力！計畫」中所提供的，由民間企業實施的各個項目全權委託辦理（圖4）。

不是由行政機關一手包辦，而是由營運公司負責管理，而對民間企業的提案則是採用 SIB 架構來迅速應對，也可減輕豐田市內部負責人的業務。另外提供各種不同方案的民間企業，在介護預防上，應該會更容易提出具彈性的想法，而這也是優點。

豐田市安排設計了一個能讓居民保持健康，而且能積極參與社會交流活動的環境，以因應未來可能發生的高齡化問題。

不只有本篇介紹的高齡化，針對今後可能會發生的，與 SDGs 核心目標及細項目標相關的課題，是否也應該從更寬廣的視野來討論呢？

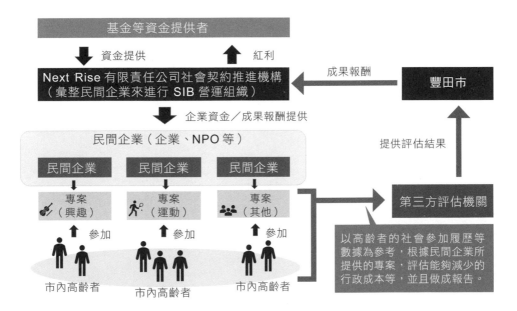

圖4 「保持活力！計畫」的企業方案 (註7)

■註釋

註 1　UNICEF（2018）"Every Child Alive The urgent need to end newborn deaths"〈https://www.unicef.org/reports/every-child-alive〉

註 2　聯合國宣傳中心網站〈https://www.unic.or.jp/activities/economic_social_black_and_white/〉（最後存取日：2021 年 4 月 10 日）

註 3　厚生勞動省網站「令和 2 年簡易生命表之概況　．3 平均壽命的國際比較」〈https://www.mhlw.go.jp/toukei/saikin/hw/life/life20/dl/life18-04.pdf〉（最後存取日：2021 年 10 月 9 日）

註 4　厚生勞動省「令和 3 年版高齡社會白書（概要版）第 1 節 高齡化的狀況」〈https://www8.cao.go.jp/kourei/whitepaper/w-2021/gaiyou/pdf/lsls.pdf〉（最後存取日：2021 年 10 月 9 日）

註 5　國立社會保障、人口問題研究所網站「人口金字塔的演變」〈http://www.ipss.go.jp/〉（最後存取日：2021 年 10 月 21 日）

註 6　經濟產業省 商務、服務集團衛生保健產業課「何謂衛生保健領域社會影響力債券的普及／社會影響力債券（SIB）」〈https://www.meti.go.jp/policy/mono_info_service/healthcare/01_meti.pdf〉（最後存取日：2021 年 10 月 23 日）

註 7　作者編寫豐田市的採訪內容

■參考文獻

1. 日經 BP 綜合研究所 Beyond Health「豐田市的『保持活力！計畫』因為不同的原因 以與企業版故鄉納稅的組合技法解決課題」〈https://project.nikkeibp.co.jp/behealth/atcl/feature/00003/101300246/?P=1〉（最後存取日：2021 年 10 月 23 日）

性別差距
與先進各國的明顯差異

---

1 追求實現性別平等

■性別造成的社會規範

所謂的性別（gender）是指「相對於生物學上的性別（sex），社會、文化上所產生的性別[註1]」的用語。在我們身邊，存在著像是「像個男人」或是「像個女人」等，帶著刻板印象的用語。

譬如在小時候，會被責罵「你是個男生，不可以哭」，即使長大成人之後，還會因為「因為是男人，就要養活妻子」、「因為是男人，就要有出息」而感到壓力的男性應該不少吧！

女性也是一樣，經歷過只因身為女性而無法獲得平等待遇的狀況。本章將會詳細說明，相較於男性，我們知道女性在組織內受到不公平待遇，以及承擔家事及照護的時間比較長。

在地方自治體職員的職務分配也是，在男性的履歷表上，大多具有統籌策劃及設施管理等業務經驗，但是女性所負責的，大多偏向櫃台業務或庶務。這樣的偏頗是無意識產生的，有時候甚至不會認為是個問題。

■在日本 SDGs 達成目標中的優先課題之一

在發表「聯合國永續發展網站」（SDSN）的 2021 年，SDGs 達成度排行榜中，日本在 165 個調查對象中位居 18。但這並不表示，日本

圖 1　SDGs 的核心目標 5「性別平等」
（出自：聯合國宣傳中心，註2）

在所有核心目標達成度是位居 18。在達成核心目標的作法中，仍有課題尚待解決，那就是 SDG 5「性別平等」（圖 1）。

此課題的應對方式在與 SDGs 有關的政府方針中也有明確地反映出來。內閣總理大臣擔任本部長，所有閣員為成員的「SDGs 推進本部」在 2019 年 12 月發表的「SDGs 實施指針改訂版」中，八項優先課題中追加了「實現性別平等」文句。另外在 2021 年 7 月的國家自願檢視報告（VNR）(註3) 中，也提到「月經貧窮」及女性自殺率增加等，可見性平差距的嚴重程度。

■全世界位居「120 位」的日本男女差距

我們可以試著以舉辦，聚集世界上的經濟界領袖人物舉辦「達佛斯論壇」的國際機構「世界經濟論壇」，就「經濟」、「教育」、「醫療」、「政治」4 個領域的分析為基礎，每年都會發表的「性別差距指數」結果（2021 年）來與世界其他國家比較，日本的男女差距狀況。

列為調查對象的 156 個國家中，日本位於 120，特別是在「政治」及「經濟」領域的達成度較低（圖 2）。整體順位中，日本前後的國家分別是，非洲的發展中國家安哥拉（119 位）及獅子山共和國（121 位），與德國（11 位）及法國（16 位）、英國（23 位）美國（30 位）等 先進國家的差距很大。

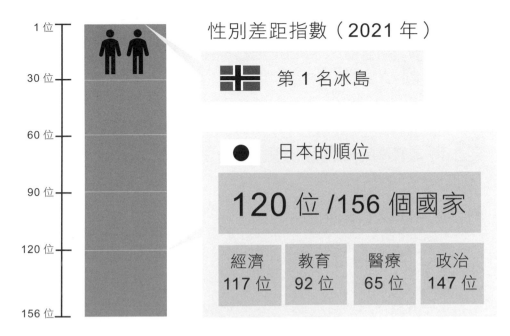

圖 2　日本的性別差距指數在全世界是屬於後段班的[註4]

■要差距視覺化就要將必要數據細分

　　即使是從政府發表的日本 SDGs 全球指標的數據[註5]，也可以發現性別差距的狀況。就以測量 SDGs 的細項目標 5.5「確保婦女全面參與政經與公共決策，確保婦女有公平的機會參與各個階層的決策領導」的指標為例吧！

　　首先在政治領域，眾議院議員的女性議員比例為 9.9%，地方議會的總議員數，女性議員只占了 14.5%（兩個數據都是 2020 年）。而在經濟領域也是，從事管理職[註6]的女性占比是 13.3%（2020 年）。不管是在哪一個領域，都能看到明顯的男女差距。不只如此，在細項目標 5.4「認識、評估無酬的育兒、家庭照護與家事操勞」的指標，「男性與女性每天花費在無給職家事及家庭照護的時間比例[註7]」女性是 15.1%，男性是 3.1%，同樣也有很大的差距（2016 年）。

像這樣，為了讓性別差距視覺化，分析性別及年齡等細項數據就變得非常重要。前面提及的「SDGs實施指針改訂版」，在「實施SDGs時要盡可能的掌握男女別數據」同樣非常重要。

2 想要市鎮永續發展就要消除性別差距

■性別差距與人口減少的關係

有些地方自治體認為，消除性別差距是能否提高永續發展可能性的關鍵課題。

兵庫縣豐岡市認為應該要改善人口減少的主要原因，也就是年輕人口的減少，於是特別設定「年輕人回復率」指標。這是指 10 ～ 19 歲的外移人數與 20 ～ 29 歲的遷入人數的比例。譬如，因上學等理由而搬遷的 10 代有 100 人，為了就業而遷入的 20 代有 60 人，那麼年輕人回復率就是 60%。

豐岡市 2017 年，以 2015 年的國勢調查結果為基礎，進行年輕人回復率判斷，注意到相對於男性的 52.2%，女性只有 26.7%，差距相當大。主要原因分析如下（註 8）。

① 豐岡市是以男性為中心的社會，在社會、經濟領域通常女性都只能擔任輔助的角色。

② 近年來，大都市及大企業的女性採用及留任率提升，多樣性的作法十分發達且吸引人。

③ 與消除性別差距有很大進展的其他國家做比較，性別差距相當明顯的豐岡市，「居住價值」相對較低。

也就是說，年輕人不回鄉的主要原因，在地沒有值得投入的職場，而且因為性別而無意識產生的角色分工意識，所以變成女性並不想居住的市鎮。

豐岡市性別差距對策室長的上田篤堅定地說，「豐岡市正在分析因為性別差距而加快這地區人口流失速度，及造成社會、經濟的損失。同為社會中的一員，但女性卻面臨到不公平。因此我認為，不是要以男女共同參與及女性積極參與等主題來採取行動，而是要去改變阻擋在前面的性別差距問題。」（圖3）

■成為讓女性喜愛的市鎮之戰略策畫

為了消除性別差距，豐岡市從 2018 年起便推動「工作革新」（提升工作意願及能夠輕鬆從事工作）。同年 10 月設置由民間主導的豐岡市工作革新推進會議（以下簡稱推進會議），在市內的 16 所辦公室，另外市公所也有參與其中（2021 年 10 月擴展至 58 個辦公室）。

圖3　表示「為了未來的世代，不是只有行政要思考，現在的社會系統及規則是否適當，而是要豐岡市全體一同思考」的上田篤（右），以及豐田市性別差距對策室的成員。（提供：豐岡市）

推進會議希望增加讓女性就業容易、有就業意願的職場來解決整體的性別差距,所以設法讓經營者能有機會重新審視自己公司狀況。於是豐岡市參考已經採行男性育嬰假以及同意給予 1 個小時有薪育嬰假企業的做法,希望能以公民合作的方式,讓工作環境能夠更有彈性。

而在 2021 年 3 月,設定 2021 年至 2030 年這 10 年為調查期間,制定策畫了「豐岡市性別差距解決戰略」(以下簡稱,戰略)。戰略中,根據在 2020 年實施的研習活動中所蒐集到的高中生、20 代的意見為參考,把消除性別差距的豐岡市當作遠景,整理出實現願景的主要手段,以及測量達成度的指標,並且規畫出各負責課別應該進行的業務。

■準備讓所有人都能輕鬆參加的環境

「性別差距解決戰略會議」提供方便讓旁聽者臨時托育以及聽取對周邊市町介紹的環境。另外只要參加由市主辦的會議、特定舉辦的活動、健康診斷,都會提供臨時托育,讓育兒世代也能輕鬆參加。顧慮到因為育兒或家庭照護等因素而無法參加的人,盡可能地安排讓所有人都方便參加的環境,這對行政部門來說,是必要採取的行動。如將此觀點反映在策略上,那麼應該就要「與職業介紹所合作,設置一個女性求職諮商會(有臨時托育)」,以解決性別差距的問題。

其他像是以市內企業為對象所舉辦的研習會上,提供經營者重新審視,是否有無意識因對性別的偏見而強迫員工接受職務,並且幫女性員工安排領導培訓計畫,讓女性員工在工作方面能有與其他公司或團體接觸的機會。

2021 年 7 月至 8 月,以全市為對象,調查性別所產生的「強迫員工接受職務分配」實際狀況及想法,同年 11 月發表調查結果,這對積極投入現狀視覺化的豐岡市來說也很有幫助。

為了實現永續市鎮，豐岡市認為解決性別差距是必須的，因此與行政及企業合作，共同採取行動。為了實現性別平等這個日本的課題，全國還有許多地方自治體還未想到方法吧。這個時候，相信豐岡市的想法及作法應該能提供參考。

■註釋
註 1　獨立行政法人國際合作機構（JICA）網站「＼消除男女差別／『性別』的意義及解說！」〈https://www.jica.go.jp/nantokashinakya/sekatopx/article004/index.html〉（最後存取日：2021 年 9 月 11 日）
註 2　聯合國宣傳中心網站〈https://www.unic.or.jp/activities/economic_social_development/sustainable_development/2030agenad/sdgs_logo/sdgs_icon_black_and_white/〉（最後存取日：2021 年 4 月 10 日）
註 3　所謂的國家自願檢視報告，就是在每年舉辦的閣僚級的永續發展高階政治論壇中，以 SDGs 為核心，對於「2030 議程」的進行狀況，國家自願進行發表。日本在 2017 年及 2021 年提出過兩次的報告。
註 4　World Economic Forum（2021）"Global Gender Gap Report 2021 INSIGHT REPORT"〈http://www3.weforum.org/docs/WEF_GGGR_2021.pdf〉（最後存取日：2021 年 9 月 11 日）
註 5　外務省網站・JAPAN SDGs PLATFORM「SDG 全球指標（SDG Indicators）5: 性別平等」〈https://www.mofa.go.jp/mofaj/gaiko/oda/sdgs/statistics/goal5.html〉（最後存取日：2021 年 9 月 11 日）
註 6　所謂管理職是指「從事企業經營方針的決定，以經營方針為基礎設定執行計畫，進行工作的監督及統合等，經營管理所有經營主體或是課（包含課）以上的內部組織。國家、地方公共團體的各機關公開選舉的公務員也包含在內」（外務省網站・APAN SDGs PLATFORM「SDG 全球指標（SDG Indicators）」所下的定義。
註 7　女性、男性皆以 15 歲以上為對象進行調查的結果。基準年是 2018 年
註 8　豐岡市（2021）「豐岡市性別差距解決戰略」p.4

■參考文獻
1. 首相官邸網站「SDGs 實施指針改訂版」〈https://www.kantei.go.jp/jp/singi/sdgs/pdf/jisshi_shishin_r011220.pdf〉（最後存取日：2021 年 9 月 11 日）
2. World Economic Forum（2021）"Global Gender Gap Report 2021 INSIGHT REPORT"〈http://www3.weforum.org/docs/WEF_GGGR_2021.pdf〉（最後存取日：2021 年 9 月 11 日）
3. 豐岡市（2021）「豐岡市性別差距解決戰略」
4. 豐岡市網站「豐岡市工作革新推進會議」〈https://www.city.toyooka.lg.jp/shisei/chihososei/1007000/1008794/1006585.html〉（最後存取日：2021 年 9 月 13 日）

1 我們的生活與「垃圾」

■以永續生產與消費的型態為目標

SDG 12「負責任的消費與生產」是對我們提出「社會不應該抱持著大量生產、大量消費、大量廢棄的態度,而是要思考未來的永續生產及消費型態究竟是什麼」的問題。

SDG 12 有 11 條細項目標,包含了像是「實現自然資源的永續管理以及有效率的使用(12.2)」及「將永續性資訊納入企業的定期報告中(12.6)」等以政府及企業等作為主體所設定的問題,另外也網羅了「減少糧食的損失(12.3)」、「大幅減少廢棄物的產生(12.5)」等與生活息息相關的話題,這些都是廣大主體應該積極解決的課題。

■日本每個人每天產生的垃圾約 918 公克

根據環境省(註1)的說法,2019 年日本國內的垃圾總量有 4,274 萬噸(約 115 個東京巨蛋),每個人每天產生的垃圾有 918 公克(圖 1)。有許多地方自治體收集日常生活垃圾是需要付費的,但如果包含大型垃圾在內,全國有超過八成以上的地方自治體的垃圾收集需要付處理費。全國的一般廢棄物最終處置場有 1,620 個,但平均使用剩餘年限為 21.4 年(註1),因此減少垃圾量是實現永續發展社會必備的要素。

圖1　一般廢棄物產生量的演變（出自：參考環境省資料，註1，作者編寫）

2 循環型的經濟模型「循環經濟」

■以廢棄為前提的直線型經濟模型的轉換

　　在解決廢棄物問題時，還有另外一個備受注目的關鍵，那就是「循環型經濟（circular economy）」。所謂循環經濟，指的就是「新事業立案及產品設計等從階段開始，就沒有線性經濟的『丟棄（dispose）』階段，取而代之的是所有資源都要繼續使用的架構，這就是循環型經濟模型（註2）」。

　　相對於循環經濟，過去的經濟模型稱為「線性經濟（linear economy）」。使用原材料製造商品，消費者用完後就丟棄的一直線的經濟模型為前提（圖2，左）來製造商品。而使用過的商品再利用「回收（Recycle）」及同一個商品重複使用的「再利用（Reuse）」，而

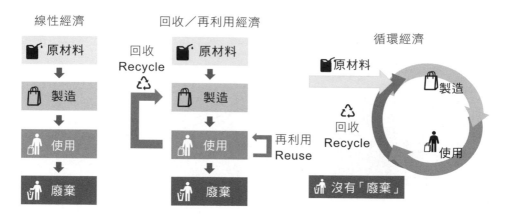

圖 2　線性經濟與循環經濟的差別 (註3)

這兩種經濟模式是指商品在企劃、設計階段，就已經決定在最後會被廢棄（圖 2，中）。

　　但是循環經濟則是在產品的企畫、設計階段，不以「最後要廢棄」為前提，而是把前提條件轉換成「不輕易廢棄，延長使用期限」。這是從原物料製造產品開始，到消費者使用之後，然後再次成為原物料製造成新產品，也就是稱為循環型再利用的作法，透過此作法讓「廢棄」階段消失（圖 2，右）。

　　到目前為止，行政部門提倡回收及再利用，還有減少產品使用量的「Reduce」的「3R」，也制定了有助於實現的環境政策。但為了大幅減少廢棄物，就應該把原本以「廢棄」為前提的觀點作一改變，尋求更適當的政策。

■與經濟成長同步的好處

　　減少垃圾量，減輕對環境的負擔是地方自治體所面臨的課題之一，但想要解決課題，就必須跟企業及居民合作。就像在第 2 章介紹的鹿兒島大崎町及德島縣上勝町，要是沒有居民協助，徹底做好垃圾分類

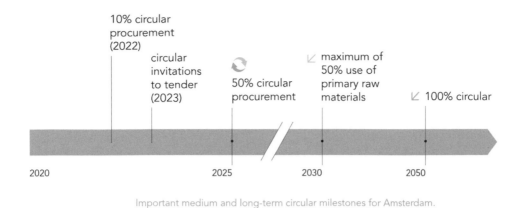

10% circular
procurement
(2022)

circular
invitations
to tender
(2023)

50% circular
procurement

maximum of
50% use of
primary raw
materials

100% circular

2020 · 2025 · 2030 · 2050

Important medium and long-term circular milestones for Amsterdam.

圖 3　像阿姆斯特丹市的循環策略，以具體數值來呈現未來的狀況，這樣就能規畫達成目標的具體路線了。（出自：阿姆斯特丹網站，註 5）

的話，那麼就不可能減少垃圾總量了。另外，企業在產品的企畫、設計階段，要是在討論經濟模型時能夠意識到循環經濟的「不廢棄」前提，那麼應該就能減少廢棄總量了。像這樣考慮到環境，是企業在進行業務活動時，從 ESG 投資面必須要意識到的要件之一。

另外也有採用循環經濟原則後，經濟方面產生什麼樣效果的報告。譬如，預測能替歐盟（EU）帶來「總利益在 2030 年之前會達到 1.8 兆歐元，是按照目前發展所產生總利益的兩倍（註4）」計算的結果。不只是先進地區的歐洲諸國及國際企業，連在供應鏈的企業也希望將來能轉換成此經濟模式。

對於地方自治體的負責人來說，基於對循環型經濟活動之關注，必須要制定相關產業政策。而只要實現循環經濟，那麼對於日本培育出的高度製造技術等，各方面的需求，或許就會成為另一個新商機吧！

■訂定具體達成時限的阿姆斯特丹市「2050 Plan」

　　循環經濟最先進的荷蘭阿姆斯特丹市，以在 2050 年前能成為「循環都市（circular city）」為目標，不只是對環境，這對經濟及阿姆斯特丹市民也是有益處的。

　　為推動循環經濟，阿姆斯特丹市首先在 2015 年，發表了「2050 年計畫（2050 Plan）」長期計畫。然後在 2020 年策畫制定了「阿姆斯特丹市循環戰略 2020-2025（Amsterdam Circular Strategy 2020-2025）」，具體地朝循環經濟邁進。

　　此戰略所呈現的具體路線圖，譬如像「2022 年之前，市政府的 10% 採購要改成循環型」，不但有達成年限，也有具體的數值目標（圖 3）。

■註釋

註 1　環境省「有關一般廢棄物處理事業實態調查的結果（令和元年度）」〈http://www.env.go.jp/press/files/jp/115966.pdf〉（最後存取日：2021 年 8 月 14 日）

註 2　引用安居昭博（2021）『循環經濟實踐 在荷蘭尋找經濟模型』p.32

註 3　參考安居昭博（2021）『循環經濟實踐 在荷蘭尋找經濟模型』圖 1-3（p.34），作者編寫

註 4　日本貿易振興機構（JETRO）貿易制度課（2016）「EU 的循環經濟相關報告書」〈https://www.jetro.go.jp/ext_images/_Reports/02/2016/01cc0ddleb518393/eu201612rp.pdf〉（最後存取日：2021 年 8 月 14 日）

註 5　引用 City of Amsterdam "Amsterdam Circular 2020-2025 Strategy Public verson" p.7 的圖

■參考文獻

1. 安居昭博（2021）『循環經濟實踐 在荷蘭尋找經濟模型』p.30~64 學藝出版社

2. City of Amsterdam "Amsterdam Circular 2020-2025 Strategy Public version"〈https://www.amsterdam.nl/en/policy/sustainability/circular-economy/〉（最後存取日：2021 年 8 月 14 日）

生物多樣性
—— 從地球極限的觀點思考地方

1 人類活動對地球產生的影響大增

■人類帶給地球影響的「人類世界」

在人類誕生的時代，按照地質時代來區分，稱為「新生代」。大約從 6,600 萬年前開始的新生代再更詳細分類的話，人類誕生的時代，是屬於從 1 萬 1,700 年前開始的「全新世」。

但是近年來，對於人類帶給地球巨大影響的時代，出現了是否應該要以新的分類來區別的議論。而此議論是從 1950 年開始出現，主要是因為人口急速增加與經濟成長等，人類社會經濟動向對地球環境造成影響（通稱「Great Acceleration」大加速）所導致的。

■顯示地球極限的「地球限度」

在這當中受到注意的是，分析環境負荷對地球所帶來的影響，而顯示其 "界限" 的就是「地球限度」這個概念。這是以瑞典的環境學者約翰・洛克史托姆博士為中心所提倡的理論。這是以圖 1 的「新化學物質所引起的污染」及「全球淡水使用」等 9 個指標將地球限度視覺化。圖中央的點線代表了地球的極限，除了已經知道的「氣候變遷」、「生物圈完整性的變化」、「土地利用的變遷」外，關於因為氮及磷所造成的「生物地球化學物質的循環」，則已經超越了人類能安全活動的極限了。

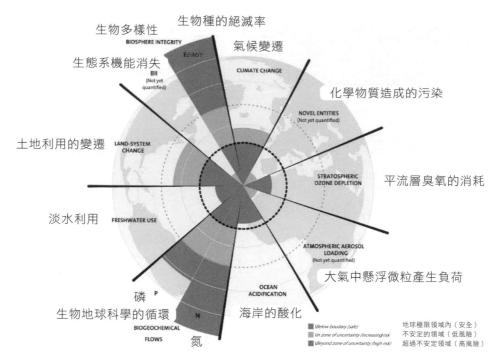

Below boudary (safe) 地球極限領域內（安全）
Un zone of uncertainty (increasing risk) 不安定的領域（低風險）
Beyond zone of uncertainty (high risk) 超過不安定領域（高風險）

圖 1　顯示地球極限的地球限度概念圖（註1）

生態系多樣性	泥灘、森林、河川等，多種類型的生態系存在於各地方
物種多樣性	各種動物、植物及藻類，細菌等生息、繁衍
遺傳多樣性	即使是相同物種，個體及個體群之間的遺傳層次具有差異

圖 2　生物多樣性大致可區分成三個層次（註2）

圖 3　SDGs 核心目標 15「陸域生命」

（出自：聯合國宣傳中心，註3）

■基礎地方自治體推遲的生物多樣性地區戰略

生物多樣性原本就區分成「生態系多樣性」、「物種多樣性」、「遺傳多樣性」三個層次（圖2）。三個層次之間的關係複雜，而地球上的生物存在於其中。譬如，外來物種侵入地方會對生物多樣性造成相當大的影響，這是非常令人擔憂的。

「生物圈完整性」也包含了物種滅絕的速度等，日本國內有多少生物瀕臨絕種的危機呢？根據環境省將可能面臨絕種的野生生物種類進行彙整，2020年公開發表「瀕危物種紅皮書」，被分類為極危物種的動植物有3,716種，我們熟悉的「日本青鱂」也在其中(註4)。

SDG 15提到了，對陸域生態系的保護及回復，以及改善永續森林的管理，對沙漠化問題應採取對策，還有阻止生物多樣性的損失等細項目標（圖3）。

在SDG 15的細項目標15.9設定了「2020年以前，將生態系統與生物多樣性價值納入國家與地方規劃、發展流程與脫貧策略中。」確認了「地方創生SDGs在地指標」後，就能將「有無生物多樣性地區戰略的制定計畫」設定為指標，而在2021年3月底，雖然所有都道府縣都制定了生物多樣性地區戰略，但基礎地方自治體卻只有113個市區町完成戰略計畫(註5)。

2 為維護 "生物文化多樣性" 與研究機關合作

■根據地方特徵，各自制定生物多樣性戰略

石川縣金澤市積極地與市內的研究機關合作，2015年制定了強調地區特色的「金澤版生物多樣性戰略」。制定過程中，與作為戰略制定委員會成員的「聯合國大學永續高等研究所（Institute for the

Advanced Study of Sustainability UNU-IAS）石川、金澤工作小組」
（以下簡稱，OUIK）合作。

OUIK 是在 2008 年由石川縣以及金澤市與聯合國共同設置的國際機構，尤其是在維護生物多樣性，以及生態系的科學評估上，占了相當重要的地位，其見解也運用在金澤市的戰略制定上。

OUIK 事務局長的永井三岐子對於合作的成果表示，「有著豐富自然生態的金澤，將稱為『生態系服務』的自然恩惠運用在文化及景觀上。OUIK 將蘊含了此精神的工藝等地區文化，以及與自然有關的都定義成『生物文化多樣性』，並且納入在 2016 年制訂的金澤市生物多樣性地區戰略中。」

如永井所說，被山與海環抱的金澤市擁有豐富的生物多樣性，同時也具有傳統文化（圖 4）。譬如，加賀友禪的圖紋有植物與鳥，染色後藉著河川的流水將多餘的糊洗淨的「友禪 NAGASHI」等技法，是在金澤的自然環境下孕育出的文化（註6）。

另一方面，金澤市也因為里山的荒廢而導致野生動物入侵人類的生活圈，使得農作物遭受損害，以及外來物種對生態系帶來嚴重的影響，讓生物多樣性也面臨危機。於是作為金澤市 2050 年希望樣貌，設定了「讓青山綠水所孕育的所有生命都能散發光輝的市鎮」，而為了實現此目標，設定了事業及數值目標。

圖 4　金澤城公園周遭流動的圳

■全方面維護生物多樣性及文化多樣性

在為了維護生物多樣性而制定的地方自治體政策之特徵，提到了看似不同領域的文化內容。根據永井的說法，此戰略是運用 SDGs 的特徵來討論更長遠的發展。

「在今年度，金澤市重新審視生物多樣性的地方戰略（圖 5）。改訂版中，強調自然與文化的 "生物文化多樣性" 之複合方式，加入了 SDGs 觀點，計畫採用了融合文化、自然、經濟及教育等手法，並且活用生物多樣性所帶來的恩惠。因為 SDGs 的各核心目標是息息相關的，為達成其他核心目標必須採取行動及作為，讓所謂的一石二鳥、一石三鳥等方法變得有可能。」

SDGs 的特徵之一「相互聯繫」，感覺像是為了讓看似毫無關係的領域一起過橋，而設法去分析現狀。就像認為維護生物多樣性與地方的傳統文化有密切關係的金澤市，為了保持地方原有狀態，是否要嘗試從更高的視野重新了解生物多樣性呢？

圖 5　金澤版生物多樣性戰略的封面，使用了代表金澤自然環境的加賀友禪設計 (註7)。

■註釋

註 1 參考 Stockholm Resilience Centre「Planetary boundaries」〈https://www.stockholmresilience.org/res-earch/planetary-boundaries.html〉、蟹江憲史 編著（2017）「永續發展目標是什麼」pp.57~63 及「從關鍵字思考，我們的地球。」『SOTOKOTO』2021 年 9 月號 p.22，作者編寫。

註 2 環境省「生物多樣性國家戰略 2012-2020」〈https://www.biodic.go.jp/biodiversity/about/initiatives/idex.html〉（最後存取日：2021 年 10 月 27 日）為參考，作者編寫。

註 3 聯合國宣傳中心網站〈https://www.unic.or.jp/activities/economic_social_development/sustainable_development/2030agenad/sdgs_logo/sdgs_icon_black_and_white/〉（最後存取日：2021 年 4 月 10 日）

註 4 環境省「環境省瀕危物種紅色名錄 2020 刊載物種數表」〈http://www.env.go.jp/press/113666.pdf〉（最後存取日：2021 年 10 月 17 日）

註 5 環境省「生物多樣性地方戰略審查」〈https://www.env.go.jp/nature/biodic/lbsap/review.html〉（最後存取日：2021 年 10 月 27 日）

註 6 生態系服務是指「人類從生態系獲得的恩惠」（出自：竹本和彥 編（2021）『環境政策論講義』p.154、東京大學出版會）

註 7 金澤市（2016）「金澤版生物多樣性戰略」

■參考文獻

1. 竹本和彥 編（2021）『環境政策論講義』p.154~172、東京大學出版會

■譯註

關於「大加速」，可參考「失衡的環境：地球限度和大加速研究」循環台灣基金會（circular-taiwan.org）。

1 能掌握施行進度的指標之必要性

■收集數據、監控及說明責任

SDG 17「夥伴關係」告訴我們，在談論直線領導時應該要從多方面去了解經濟、社會、環境的這三個層面，並且從企業、行政、市民社會等不同主體的立場討論解決之道，這一點是非常重要的。

此核心目標設定了 19 條細項目標，而其中也明確提出「測量」這個 SDGs 的標準(註1)。

譬如，盡可能提高取得數據（17‧18）及開發 GDP 以外的，用以測量永續發展的進度狀況的量尺（17‧19）等。想要制定能彌補與目標值差異的政策，就必須要有完備的測量 SDGs 進度的指標。

■日本公開的在地指標數據大約六成

用來測量 SDGs 的 169 條細項目標的指標，並非全部適用於日本的狀況，而且政府也未必會將所有測量數據公開。

譬如，原本是針對開發中國家所設定的指標就不適合用來測量日本的細項目標，又或者會有一些現在無法立即得到數據的指標。

關於日本 SDGs 的指標，總務省(註2)有發表相關的數據。在 247 項指標中，只有145 項指標的數據公開發表（2021 年 12 月）而已（圖 1）。

但是，這些指標是以國家為主體來設定的，想要測量地方自治體的 SDGs 進展，就必須就地方自治體實際的情況來調整。話雖如此，各地方自治體要分別制定 SDGs 相關的指標，需要相當大的勞力及時間。

SDGs 的核心目標	1 消除貧窮	2 消除飢餓	3 良好健康與福祉	4 優質教育	5 性別平等	6 潔淨水與衛生	7 可負擔的潔淨能源	8 尊嚴就業與經濟發展	9 產業創新與基礎建設
在地指標的數量	13	14	28	12	14	11	6	17	12
總務省公開發表的在地指數的數量	6	8	22	7	9	5	5	12	8
SDGs 的核心目標	10 減少不平等	11 永續城市與社區	12 負責任的消費與生產	13 氣候行動	14 水下生命	15 陸域生命	16 和平正義與有力的制度	17 夥伴關係	合計
在地指標的數量	14	14	13	8	10	14	23	24	247
總務省公開發表的在地指數的數量	8	6	6	5	5	10	13	10	145

圖 1　公開發表的指標數據清單 (註3)

2 「在地指標」的開發與準備

■「地方創生 SDGs 在地指標」為何？

內閣府「地方自治體 SDGs 推進評估・調查檢討會」設置有「推動地方自治體 SDGs 在地指標工作小組」，做出並發表「地方創生 SDGs 在地指標」。

地方自治體在使用與 SDGs 有關的指標時，可以考慮使用全國共通

的指標，以及對應各地方自治體的立場及狀況而選擇獨立的指標。

使用前者的話，就能夠跟其他地方自治體進行比較，但各地方自治體希望優先進行的領域，未必會包含在指標內。使用後者的話，能夠掌握地區課題並且測量重點事業的進展，了解與目標值的差異，並且討論出能彌補該差異的對策，不過這就無法與全國的地方自治體比較指標的達成度了。

任何指標都有優缺點，所以需要依據目的配合使用。在地指標屬於前項的作法，依照省廳及都道府縣公開的數據能夠計算得出來，因此大部分的地方自治體會運用，這樣地方自治體就能相互參考達成度，以及自己所處位置（圖2）。

■聯合國地區開發中心與地方自治體進行的指標開發

除了由內閣府主導的指標制定外，也有地方自治體獨自制定指標，以及多方的地方自治體及企業等合作，共同開發指標的案例。

譬如，以位於名古屋的聯合國地區開發中心（UNCRD）為中心經營的「地方自治體 SDGs 監測研究會（註5）」，就是由名古屋市、豐田市、凸版印刷株式會社、ESRI JAPAN 株式會社、 大日本顧問有限公司合作，開發讓地方自治體的 SDGs 達成度視覺化的工具。

在 SDGs 設定的 169 條細項目標中，選擇能對應地區層級的細項目標，以匯集的 56 項（市町村則是 48 項）指標來評估各地方自治體的 SDGs 達成狀況，而評估結果再以各核心目標的達成度（0% ～100%）來表示（圖3）。

SDGs 細項目標	SDGs 指標	在地指標
細項目標 1.1 在 2030 年前,消除所有地方的極端貧窮,目前的定義為每日的生活費不到 1.25 美元。	指標 1.1.1 生活水準低於國際貧窮線的人口比例(性別、年齡、雇用形態、地理位置(縣市／地方)別)	候補指標繼續討論中
細項目標 1.2 在 2030 年前,依據國家的人口統計數字,將各個年齡層的貧窮男女與兒童人數減少一半。	指標 1.2.1 生活水準低於各國貧窮線的人口比例(性別、年齡別)	年收入階級別的家庭比例 ・未達 100 萬日圓的家庭／普通家庭 ・未達 200 萬日圓的家庭／普通家庭 ・未達 300 萬日圓的家庭／普通家庭 ・未達 400 萬日圓的家庭／普通家庭 ・未達 500 萬日圓的家庭／普通家庭 ※關於市區町村的結果,以市、區以及人口超過 1 萬 5 千人以上的町村為表示對象
		年間收入階級別的家庭比例的增減率 (家庭的年間收入未達 100 萬日圓的家庭數／5 年前的家庭年間收入未達 100 萬日圓的家庭數)／(家庭的年間收入未達 100 萬日圓的一戶家庭人數／5 年前的家庭年間收入未達 100 萬日圓的一戶家庭人數) ※關於市區町村的結果,以市、區以及人口超過 1 萬 5 千人以上的町村為表示對象
	指標 1.2.2 以各國的定義為基礎,在所有空間,生活水準低於貧窮線下的男性、女性及小孩的比例(全年齡)	候補指標繼續討論中

圖 2　SDGs 細項目標 1.1 及 1.2 設定的在地指標[註4]

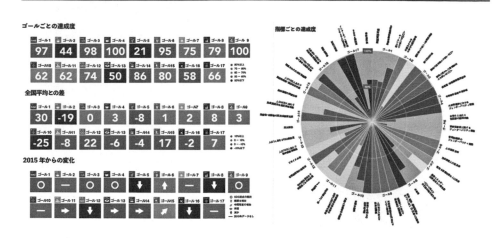

圖 3　愛知縣豐田市的個案分析結果（提供：UNCRD）

■能在全國地方自治體運用的監測指標

地方自治體 SDGs 監測研究會以名古屋市及豐田市為對象，實際進行個案研究，並且發行了刊載研究結果的「地方自治體 SDGs 監測入門」。

關於發行監測入門的原因，主導本計畫的 UNCRD 研究員浦上奈奈表示，「地方自治體了解地方優缺點之後，在進行計畫制訂與策略討論時，監測入門應該可提供參考。而且希望地方自治體能使用此工具與多元利益相關者分享地方現狀，進一步地能產生新的合作，或者是解決地方課題。」

同樣也是研究員的泉川雅子（由豐田市企業外調職）說，「因為能善加運用已公開的數據，所以更能客觀掌握地方自治體的達成度，而且也能進行歷年比較。雖然過去地方自治體是以啟發與提高認知度才投入 SDGs 的，但現在我們希望這些地方自治體也能開始將此指標運用在策略的執行（圖 4）。」

地方自治體獨自制定的 SDGs 指標，確實能夠反映地區實際狀況，並且能掌握重點措施的進展，有相當多優點。但另一方面，因為必須從頭討論能因應 SDGs 的特定指標，所以應該有不少地方自治體，會因為人手不足等問題而難以執行。

　　這樣的話，可以參考政府、國際機構及其他先進地方自治體的案例，並且積極活用，相信與 SDGs 相關的測量會變得比較容易吧！

圖 4　UNSRD 的所長，遠藤和重（中）、研究員的浦上奈奈（左）、泉川雅子（右）。

■註釋
註 1　聯合國宣傳中心網站〈https://www.unic.or.jp/activities/economic_social_development/sustainable_development/2030agenad/sdgs_logo/sdgs_icon_black_and_white/〉（最後存取日：2021 年 8 月 9 日）
註 2　總務省政策統括官（負責統計基準）付國際統計管理官室公開發表
註 3　以刊載於外務省 JAPAN SDGs Action Platform 網站「SDGs 在地指標（SDG Indicators）」的數據為基礎，作者編寫（最後存取日：2021 年 8 月 29 日）
註 4　地方自治體 SDGs 推動評估、調查討論會 地方自治體為推動 SDGs 的在地指標討論 WG「地方創生 SDGs 在地指標明細 2019 年 8 月版（第一版）」為參考，作者編寫。
註 5　地方自治體 SDGs 監測研究會室以 UNCRD 為中心成立的，是由名古屋市、豐田市、凸版印刷株式會社、ESRI JAPAN 株式會社、大日本顧問有限公司 5 個團體參與。

■參考文獻
1. 1. 地方自治體監測研究會「地方自治體 SDGs 監測入門 Part A 地區的 SDGs 達成度評價」〈https://www.uncrd.or.jp/content/documents/8218Handbook_SDG%20Monitoring%20for%20LGs_A_JPN.pdf〉（最後存取日：2021 年 8 月 29 日）

1 人類中心社會的實現

日本政府活用 IoT（註1）及人工智慧（AI）、大數據等先進技術，賦予 Society 5.0「能同時達成經濟發展與解決社會課題的新社會（註2）」的地位，並期待能夠實現。

所謂 Society 5.0 是繼狩獵社會（Society 1.0）、農耕社會（Society 2.0）、工業社會（Society 3.0）、資訊社會（Society 4.0）後，藉由「讓虛擬空間（假想空間）及真實空間（現實空間）能高度融合的系統，建立能同時達成經濟發展及解決社會課題的人類中心社會」（註2）。

在 Society 5.0 中，可期待藉著機器人協助照護來減輕人類的負擔，以及採行農業自動化等降低食品棄置等。而作為先行實踐的場所，必須借助擁有先進技術的都市和地方的機能以及服務，使其更有效率且高度化（註2）的「智慧城市」。

只要實現智慧城市，那麼就能像 SDGs 的核心目標、細項目標之間的相互聯繫，但還是要橫跨其他領域來解決課題，並且期待多數地方自治體能夠積極地合作。

2 從「移動」思考技術活用及 SDGs

■移動與 SDGs 的關係

關於智慧城市的例子，就以生活中常見的「移動」來介紹。

上班、上學、去醫院、採買等，因各種目的而進行日常性移動，但單純的「移動」卻與好幾項 SDGs 的核心目標、細項目標有關。

譬如，SDG 3「良好健康與福祉」為主軸，設定了細項目標 3.1「讓全球因為交通事故傷亡的人數減少一半」。順帶一提，2018 年日本國內因交通事故而傷亡的，一整年約 53 萬人（註3）。

另外像是 SDG 11「永續城市與社區」的細項目標 11.2，顧慮到身心障礙者及老年人的需求，為所有人提供可使用的交通運輸系統。另外，有些地方自治體因為交通運輸工具使用率降低，正面臨公車、鐵路被廢止等問題。

■從移動思考都市經營的作法

在公共交通網絡不是非常完善的地區，家庭用車成為「日常生活的雙腳」，因此在市中心必須要有相當比例的空間來設置停車空間。若能有效運用這個空間，市鎮再造的可能性應該也會提高。

空間運用設計師的牧村和彥也在著作中提到，「從城市經營的觀點來看，在城市想要擁有一台車的話，那麼在家裡、工作地點、商業設施等會前往的地方等，最起碼要有 3 ～ 4 台的停車空間。（中略）市中心等的都市計畫區域的居住人口增加的話，都市計畫稅及固定資產稅等的稅收就可能增加，而且對擁擠的日本來說，除了地點恰當外，停車政策也是很重要的。」

■家用汽車的二氧化碳排放量占很高比例

除此之外，在 SDG 13 提到的氣候變遷，是以減少導致地球暖化的二氧化碳（以下簡稱，CO_2）排放量為迫切的課題。

根據國土交通省的說法，國內的 CO_2 排放量（11 億 800 萬噸）當中，

運輸部門占 18.6%（2 億 600 萬噸），而家用汽車的比例則將近一半（圖1）。同時這也與 SDG 7「可負擔的潔淨能源」有關，可以期待電動汽車（EV）等的開發與普及。

■運用 IT 技術解決地方課題

因為「移動」跟多項 SDGs 核心目標有關，所以我們會經常聽到MaaS（交通行動服務：Mobility as a Service）及 "智慧移動" 等用語。

所謂的 MaaS，就是指「以每一位地方居民及旅行者為旅行單位，希望能提供最適合的多元運輸方式，以及其他移動方面的服務來滿足個人需求，而且希望能從單一平台就可進行搜尋、預約、支付等服務，這除了可用於交通之外，也能使用在目的地提供觀光及醫療等服務，這對提升移動方便性及地方課題解決應該是一項重要的手段（註6）」。換言之，這不只是使用智慧型手機 APP 來叫車而已。

對居住在山間地域等，交通十分不便且沒有家用汽車的高齡者來說，購物或是去醫院時能夠輕鬆利用叫車服務，是一項非常便民的措施。而在都會區，如果根據道路狀況自動幫我們選出前往目的地最適合路線，相關服務能夠普及的話，交通壅塞的狀況應該也能獲得改善吧！

■以 "N 對 N" 解決課題的作法

大阪府以實現智慧城市為目標，為共同解決課題而在 2020 年 8 月設置了「大阪智慧城市夥伴論壇」（以下簡稱 OSPF）。

這不只是地方自治體及企業個別合作，而是藉由多方合作，才能建構出提高永續可能的「N 對 N（多方地方自治體：多方複數企業）」的關係，以解決大阪府的課題，而這就是 OSPF 的特徵。

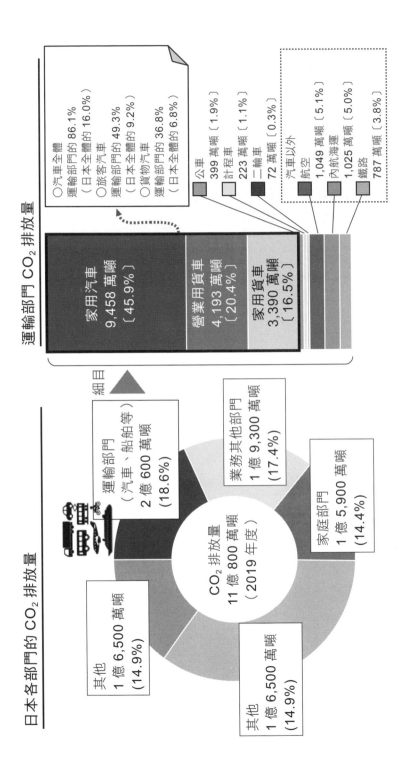

日本各部門的 CO₂ 排放量

運輸部門 CO₂ 排放量

CO₂ 排放量
11 億 800 萬噸
（2019 年度）

運輸部門
（汽車、船舶等）
2 億 600
萬噸
（18.6%）

業務其他部門
1 億 9,300 萬噸
（17.4%）

家庭部門
1 億 5,900
萬噸
（14.4%）

其他
1 億 6,500 萬噸
（14.9%）

其他
1 億 6,500 萬噸
（14.9%）

細目 ▲

家用汽車
9,458 萬噸
〔45.9%〕

營業用貨車
4,193 萬噸
〔20.4%〕

家用貨車
3,390 萬噸
〔16.5%〕

○汽車全體
　運輸部門的 86.1%
　（日本全體的 16.0%）
○旅客汽車
　運輸部門的 49.3%
　（日本全體的 9.2%）
○貨物汽車
　運輸部門的 36.8%（日本全體的 6.8%）

公車 399 萬噸〔1.9%〕
計程車 223 萬噸〔1.1%〕
二輪車 72 萬噸〔0.3%〕

汽車以外
航空 1,049 萬噸〔5.1%〕
內航海運 1,025 萬噸〔5.0%〕
鐵路 787 萬噸〔3.8%〕

※ 因尾數四捨五入的關係，總和數值可能會有差異。
※ 電力業者的發電所產生的排放量，熱供給業者的產業帶來的熱量所帶來的排放量，按照各自的消費量，分配至最終需求部門。
※ 參考溫室氣體儲存辦公室「日本溫室氣體排放量數據（1990～2019 年度）確報值」，國交省環境政策策略編寫。
※ 二輪車在 2015 年度以前的確報值是在「業務其他部門」，而從 2016 年度起，確報值則以獨立項目，歸在運輸部門。

圖 1　日本國內二氧化碳排放量 (註5)

圖 2　粟井美里充滿熱情表示，「希望公民共同實現智慧城市。」
（提供：本人）。

　　OSPF 已經有超過 390 個企業、團體（截至 2021 年 11 月）參加，在大阪府也有好幾個專案正在進行。

　　有關 OSPF 的設置意義，事務局的大阪府智慧城市戰略部戰略推進室戰略企劃課的粟井美里說，「行政希望能活用 ICT 來解決地區課題，就必須與已經累積許多技術及有完善系統的企業、團體等合作。另一方面，企業及團體想要執行先進技術，就不能缺少非常了解地區的地方自治體了。因此要活用像 OSPF 這樣的平台，讓雙方的長處發揮出來，一起想出地區課題的解決對策」（圖 2）。

　　另外，在營運方面應該要注意的，粟井說「不能讓實證研究一次就結束，而是要將建構出永續商業模型的想法放在心裡，試著理解多元利害關係人的想法及技能與技術後，再看看全體要如何進行協調。」

■行政的任務在於建構平台

在 OSPF 是由民間企業提供技術，來瞭解市町村面臨的地區課題。同時舉辦了不以使用編碼製成的 APP 來尋求解決方法的研討會，以及為了讓居民也能方便選擇像是幫忙照顧孩童，或讓不方便外出購物的人也能輕鬆外出等智慧城市服務，提供一個能簡單操作的服務平台，諸如此類的多元公民共同行動正在進行中。另外也積極安排一個讓身為會員的企業團體以及府內市町村聚集在一起，針對各自需求進行意見交換的場所。

大阪府運用身為都道府縣等廣域型地方自治體的立場，試圖解決府內市町村所面臨的地方課題。但即使像是市區町村等基礎型地方自治體，也是能夠與多元主體共同建構出「編譯平台」，而此功能不管是在實現智慧城市，或者是 Society 5.0 世界都越來越重要。

■註釋

註1　所謂 IoT 是 Internet of Things 的簡稱。在 Society5.0 能夠實現「所有的人與事物都會有所連結，共同分享各種知識及資訊，藉由前所未有的新價值的產生，克服這些課題及困難」的社會（出自：內閣府網站「Society5.0」〈https://www8.cao.go.jp/cstp/society5_0/〉（最後存取日：2021 年 11 月 15 日）

註2　國土交通省網站「智慧城市公私協力平台」〈https://www.mlit.go.jp/scpf/〉（最後存取日：2021 年 9 月 20 日）

註3　內閣府『令和元年交通安全白書』「第2節平成 30 年中的道路交通事故狀況」〈https://www8.cao.go.jp/koutu/taisaku/r01kou_haku/zenbun/genkyo/h1/h1b1s1_2.html〉（最後存取日：2021 年 9 月 5 日）

註4　牧村和彥『MaaS 改變都市 移動 x 都市 DX 的最前線』p.62、學藝出版社

註5　國土交通省網站「運輸部門之二氧化碳排放量」〈https://www.mlit.go.jp/sogoseisaku/environment/sosei_environment_tk_000007.html〉（最後存取日：2021 年 9 月 5 日）

註6　國土交通省網站「日本版 MaaS 的推進」〈https://www.mlit.go.jp/sogoseisaku/japanmaas/promotion/〉（最後存取日：2021 年 9 月 5 日）

■參考文獻

1. 牧村和彥（2021）『MaaS 改變都市 移動 x 都市 DX 的最前線』學藝出版社

1 年輕人的積極參與是達成 SDGs 的關鍵

■為公平正義社會追求所有世代的包容

SDG 16「和平正義與有力的制度」中，設定了像是大幅減少各地各種形式的暴力以及有關的死亡率（16.1），以及促進國家與國際的法則，確保每個人都有公平的司法管道（16.3）等，為實現和平及司法平等的 12 條細項目標。

其中，為了實現「確保各個階層的決策回應民意，是包容的、參與的且具有代表性」的細項目標，行政部門未能充分包容的主體之一，就是「青少年」吧！

採用SDGs 的前一年，也就是在2014 年，世界約 73 億總人口數當中，年輕人大約占 18 億（10 歲到 24 歲）(註1)。即使是有少子高齡化問題的日本，在 2018 年的人口總數約 1 億 2 千萬人，當中約有 1,763 萬人是青少年(註2)，絕對不是少數。

■拓展地方社會的可能性，展現次世代的價值

想要達成 SDGs，就一定要有希望完成怎樣的 2030 年之觀點。正因為如此，需要聆聽在 10 年之後，成為社會中心的青少年意見，並且將其意見反映在計畫中。這是 2022 年的現在，跨越 10 代～ 30 代兩個世代，就是出生於 1980 年代～ 1990 年代前半的「千禧世代」，以及 1990 年代後半至 2000 年代出生的「Z 世代」。

解決了地區社會的課題後，那麼能夠吸引年輕人視線，以及在完備的網際網路及電腦設備環境中孕育出的「數位本土」世代所期待的技術，應該也能帶來現今地方自治體工作的世代所無法獲得的新價值。首先，要先將千禧世代及 Z 世代當作是「能一起思考地區社會的夥伴」，這應該就是朝 SDGs 前進的第一步。

■肩負 2030 年重責大任的年輕人想法，行政單位聽到了嗎？

這些世代與市鎮再造究竟有什麼樣的關係呢？地區社會的意思決定與他們有關，以及行政合作的對象也是年輕人，這些地方自治體都有預想到嗎？

譬如，地方自治體在制定各種計畫時，會設置由專家及關係者組成的審議會或委員會。因市民委員大多是公開募集的，所以出席者當中，很少看到有千禧世代及 Z 世代參加的。即便是充滿自信的說，「我們有跟年輕人合作」的地方自治體，也很少有以年輕世代為主體，讓他們去執行行政單位所做的決定。

從選舉的投票率來看，2018 年實施的參議院議員選舉（第 25 次），不限年齡的投票平均率是 48.80%，10 歲代是 32.28%，20 歲代是30.96%，年輕人的投票率偏低 (註3)。除了追求提高年輕人參與政治及解決公共課題的態度，也要準備一個讓這個世代容易參與的環境，這是作為行政必須要有的觀點。

2 參與決策的機會開始增加

■參加專家會議及協議會

沖繩縣為了推動 SDGs 而設置「SDGs 諮詢委員會」，而積極參與

的大和總研股份有限公司研究員，同時也是推動 SDGs 的青少年團體「SDGs-SWY」共同代表和田惠，從令和 3 年度就以專家的身分參加（圖 1）。成員中唯一一位 20 代的和田惠，當初似乎也有些猶豫。

她表示「一開始不了解委員會的慣例，煩惱要怎麼拿捏發言的方寸。雖然想了很多，但最後決定要像個年輕人，不拘泥於前例，應該主張的意見就誠實地表達出來。年輕人參加專家委員會本身就很特別，所以希望能讓其他人覺得『有年輕人加入委員真是太好了』，因此會議中，經常審思自己存在的意義，期待能從年輕人的觀點有所貢獻」。

圖 1　以遠距舉辦的沖繩縣「SDGs 諮詢委員會」的狀況（左）（提供：沖繩縣），以及委員的和田惠（右）（提供：本人）。

■與當地學生合作宣傳政策

管理滋賀縣大津市內自來水管道的大津市企業局，與立命館大學 Sustainable Week 實行委員會，在 2020 年共同舉辦一天結束的課程「SDGs Discovery Field Work in 大津」。這是讓大津企業局及立命館大學的學生一起思考、學習自來水永續發展可能性。這是分成①演講（講師：大津市企業局）②淨水廠參觀（柳之崎淨水廠）③意見交換三個部分的課程。

大津市企業局的仁志出彰子表示，透過回答正在學習 SDGs 的學生問題，「在回答學生的疑問，進行意見交換同時，企業局的職員其實也學到了很多。」

　在下一個年度，大津市與立命館大學將深受琵琶湖水源恩惠的大津市自來水系統比擬為「水之行星」，由影片製作公司拍攝製作「Otsu Water Planet ～隨時隨地都能從動畫學到水的重要性～」的影片（圖2）。此次主要是製作 ①解說 SDGs 與水的關係 ②用無人機向居民呈現琵琶湖的水被當作自來水使用，③讓學生記者到平常無法進入的淨水場採訪三部影片，希望能吸引年輕人的注意，向居民傳達自來水的重要性。

　參與影片製作的立命館大學谷口和輝同學說，「能跟大津市職員一起從選擇與自來水有關的話題。譬如，在『自來水與環境』的這個主題，除了可以就 SDGs 與國外自來水狀況做比較之外，也可以從土壤循環利用來談起。因為主要視聽者是設定在作為課程的一環，前往淨水廠參觀的市內小學 4 年級的學生，所以為了讓他們能集中注意力觀看影片，每一部動畫的長度就不能太長，最後整理成三部動畫。」

　「過去行政單位所製作的動畫學習教材，詳細且正確地介紹了淨水廠的相關知識。但這次的動畫則是從大學生的角度來看自來水事業，將孩童覺得『想更了解』的重點，做了充分整理。大學生對於動畫拍攝提供了很多的建議，想法新穎的程度令人驚訝，我們盡可能去滿足他們的要求」仁志出說（圖3）。

圖 2 完成的動畫字幕，只使用小學 4 年級程度的漢字。

（出自：大津市公所 YouTube 頻道，[註4]）

圖 3　大津市企業局在琵琶湖畔設置外觀時尚的供水站與仁志出彰子。

實際上，因新冠疫情的關係，市內小學失去社會科參觀的機會，因此採取讓 4 年級學生觀看動畫，再由企業局職員提問的遠距上課。此外也收到「有外國人跟女性在那裡工作嗎？」等關於勞動環境提出具體的問題，以「職業」為起點，對自來水事業感到有興趣，說不定這也能用於聘僱未來世代的宣傳上，仁志出繼續說。

■與年輕世代合作的重點

當行政單位與大學生等年輕世代合作時，必須要注意什麼呢？

仁志出表示，「必須要有線上就能迅速交換想法的環境。關於這一點，企業局導入了公用智慧型手機，所以可以很順利地溝通。並不是委託給學生後，身為委託方的行政就什麼都不管的態度，而是以希望能對學習行政及地方社會作法的學生有所回應，然後一起創造出成品的態度來面對，這樣才會獲得好的結果。」

谷口也說，「對於仁志出『讓居民能輕鬆了解自來水事業』的想法，我也非常贊同，我們也很投入動畫的製作。而關於動畫想要陳述的觀點與方法等，就交給身為專家的我們吧！另一方面，有關動畫裡面使用語言呈現，在試作階段聽取行政的建議稍微做了調整。對學生來說，如果有熟悉行政的職員一起參與的話，內心應該會比較踏實吧！」（圖 4）

就如提到的這些例子，公私協力的可能性並不是侷限在與企業的合作。考慮跟身負市鎮未來的年輕人，一起思考市鎮的未來，應該也是公私協力的一種作法。

圖 4 為了拍攝琵琶湖上某自來水取水口,搭乘小艇前往的谷口和輝。

(提供:本人)

■註釋

註 1 聯合國人口基金「世界人口白皮書 2014」

註 2 總務省統計局「日本的統計 2020」

註 3 總務省網站「參議院議員定期選舉之年代別投票率之變化」〈https://www.soumu.go.jp/senkyo/senkyo_s/news/sonota/nendaibetu/〉(最後存取日:2021 年 11 月 2 日)

註 4 大津市公所 YouTubu 頻道「【公開】徹底解剖! 10 分鐘了解淨水場的祕密」〈https://www.youtube.com/watch?v=pwn4HbP6RPK〉(最後存取日:2021 年 11 月 26 日)

後記
讓公私協力成功的重點及觀點

從第 1 章到第 3 章，介紹了為實現 SDGs，全國地方自治體實施的公私協力案例以及受到關注的關鍵。而在本章，除了要介紹藉由這些案例所看到的「活用 SDGs 讓公私協力更為順利的重點」之外，也想要傳達能今後有助於地方自治體將 SDGs 反映在政策上的重要關鍵，「多元合作的必要性」及「社會系統的變革」等觀點。

■調整兩個「偏差」

無關乎 SDGs 的背景，公私協力時，行政單位與民間企業、團體之間會出現業務進行的速度感、用語等的「偏差」。

(1) 速度感的偏差

首先，關於業務進行的速度感，通常會有「行政＝慢」、「民間＝快」的印象。但行政的速度感緩慢，並不一定是行政職員工作的速度太慢，而是因為牽涉到的利害關係人範圍太廣，從編列預算到執行的整個週期需要時間。

行政單位對於想要執行的政策，不單是贊成的人，同時也要取得反對者相當程度的理解才行。因此，在向眾多關係者詳細說明的過程中，需花費相當長的時間，有時還可能錯過最能發揮政策效果的時期。

預算的週期大致如下，在剛入秋時，行政的負責課編制的預算案，經過機關內的調整，隔年的 2 月到 3 月在議會接受審議、議決，終於

能在 4 月份開始執行。所以，在計畫階段要去進行還未設想好的措施是很難的。

與行政合作的企業、團體方也是，必須要在理解此實際狀況下，思考解決對策。

(2) 用語的偏差

以使用且共同分享 SDGs 為大前提，但同時希望也要注意，平時所使用語言給人的印象。

譬如，「市鎮再造事業」這個用語，有的人會想到基礎設施的準備，以及像是都市計畫這種，感覺是一項困難事業的話，當然也就會有人想到，社區再造等較為軟性的事業。

在挑戰解決共同課題時，互相跟對方說「"KYOUDOU"加油！」的鼓勵，行政會解讀成「共同（日文讀成，KYOUDOU）」，而市民團體方則會以為是「協動（日文讀成，KYOUDOU）」而產生差異。前者是一起進行相同事業，而後者則是以對等立場，各自發揮優點，並且接受相互的差異點。

像這種牽涉到感覺的「偏差」要盡可能避免，對用語及表現要有共同的認知是很重要的。

■要有公私協力的專門窗口

降低合作阻礙的單一窗口

為了讓 SDGs 在地方自治體進行，就不能單靠行政，而是必須多元主體（多方利害關係人）能夠一同參與計畫。

但企業有時候也不知道該以怎樣的方式接近行政部門吧！而另一方面，行政部門有時也會處於企業、團體接近後才考慮合作的「等待姿

態」。這樣的話，除了像是條例的準備及補助金交付等，只有行政才能行使的政策外，並沒有實行解決地方課題的選項。

因此，想要解決地區課題就要促進公私協力，接受公私協力企業、團體的方法，設置能迅速應對的單一窗口「公私協力詢問處」的作法，在各處都開始進行了。尤其是在大阪，府在 2015 年設立之後，包括第 2 章介紹的富田林市在內，以府內的市町村為中心，在各處開始設立這樣的單一窗口。

站在對方立場思考的想法及透明性

身為大阪府的公民戰略合作辦公室的策畫者，從設置到運用，竭盡全力的大阪府職員山縣敦子（現任智慧城市戰略部戰略推進室戰略企畫課參事），對於行政能更順利推動公私協力的重點，表示必須去了解企業的人，並且相互理解，這是非常重要的（圖 1）。

「譬如，企業在公私協力事業方面，為了在社內得到同意，需要些什麼，必須要站在企業的立場來思考。關於希望透過公私協力來進行的內容，雖然也有企業方主動提案，但最好還是能藉由腦力激盪來建構信賴關係。原橫濱市職員，公私協力的帶領者河村昌美告訴我們『公私協力就是在談一場戀愛』，只要相互了解，就能知道對方想要的，對吧！」

另一方面，對於特定企業與行政的合作，有時會使用「瘾著（政商關係）」一詞。在考慮到公平性的同時，應該要怎麼做才能讓行政職員踏出第一步呢。山縣認為，要保持窗口暢通是很重要的。譬如，在網站上將希望與民間企業合作的內容公開等，在講求機會均等以及維持公平性下功夫，那麼應該就能提高公平性及公正性了。

圖 1　山縣敦子小姐表示，「在大阪府的公民戰略合作辦公室，希望能透過對話來發揮創意，並且激發創新。」（照片提供：本人）

■在政府機關培育共創人才

追求 "見樹就見林" 的能力

　　為了要在地方自治體推動 SDGs，就要追求像綜合計畫那樣，要有跟所有政策有關的廣闊視野，以及各課別要具備施行政策及事業的相關知識。不只是完成每項特定核心目標，也必須理解可能會對多數領域帶來影響。有一句諺語叫做 "見樹不見林"，但是在 SDGs 需要的是 "見樹就見林" 的能力。

　　為此，制定綜合計畫時，就不是只有企畫部門站在能看到「森林」的立場，而是要所有部署都有這樣的意識才行。當然，在管理職工作的職員們，在調度各單位過程中，應該就有這樣複合性的觀點了，但這不是在剛進入機關馬上就可以具備的。

不過，就算只是進入機關 10 年左右的年輕職員，只要從前面說的管理職觀點來執行自己負責的業務，應該也能提高工作效果及效率。為此，參加稱為「自主研習」的機關內跨領域的學習會，或是參加機關外的研習會等，試著找出自己現在可以做到的，應該也是跨出「第一步」吧！

思考"辦得到的理由"之思考方式

另一件重要的事情，就是能不能想到"辦得到的理由"而不是"辦不到的理由"。

在第 1 章，介紹了 SDGs 的特徵之一「回溯分析」。設定非常不容易達到的目標（"偉大目標"），然後想出在過去時間軸上，未曾有過的新解決對策的思考方式。

當然，對使用國民繳納的稅金來進行業務的地方自治體職員來說，還是有必要找出「辦不到的理由（＝風險）」。反而不應該只是去找出「因為沒有跟民間企業合作的經驗，所以這次就在機關內部想看看」或「因為必須去了解複雜的方案，下一次再那樣做吧」等"辦不到的理由"，然後努力降低風險，而是為了改善地區狀況，要試著去找出「辦得到的理由」。

市鎮再造並不是交給行政就可以的，透過公私協力的過程，不侷限於機關內，與居住在地區的居民，以及擁有行政所沒有的技術、見解的企業一起努力，唯有能「共同創造」未來的人才，應該才是今後地方自治體所追求的。

SDGs 是積極描繪地方未來的潤滑油

作者受命參與（SDGs 顧問）計畫的京都府龜岡市，從 2021 年開始在市長公室設置了創生課，積極地與市內外民間企業合作，朝成為永續發展市鎮努力（圖 2）。

除此之外，包括鎌倉市與川崎市在內，作者有機會以顧問立場參與地方自治體的 SDGs 推廣，在參與過程中發現，不管是哪一個地方自治體組織，能夠積極地與機關外合作，規畫地區未來的地方自治體職員，對推動 SDGs 是不可或缺的。

「想要解決地區課題」、「希望創造永續發展市鎮」的想法，不論是行政還是民間企業、團體都相同。只要大家想法一致，那麼就能跨越單位藩籬共同合作。發揮各自的長處，產生加乘效果。將 SDGs 當作是潤滑劑，相信一定能有幫助的。

圖2　龜岡市的市長辦公室長・山內俊房（右），以及 SDGs 創生課的職員。
（攝影：乾芽衣，龜岡市職員）

■找到地方永續發展的「前提」

新冠肺炎對生活造成的影響，卻提高山區的可能性

到目前為止，山區雖然擁有豐富的自然資源，但因為資訊、人才過度集中，所以大部分的產業還是聚集在都會區，象徵著「東京過度集

中」。但動搖全世界的新冠疫情擴大（以下簡稱，新冠之禍），使得社會狀況產生很大的變化。過去，在都會區搭乘擠滿乘客的電車上班是很平常的，但因新冠疫情的關係，導入遠距辦公，以及鼓勵錯開尖峰時間上班的企業增加，不管是生活型態或是工作型態都發生變化。

因新冠疫情的關係，遠距會議普及，使得資訊通訊技術（ICT）方面的人力需求大增，因此今後就算是首都圈以外地區的通訊資源完備，還是有機會發展相關的新興產業。對此機會，地方自治體與當地企業應要有明確的認知，希望前所未有的新產業出現，並且有所發展。

擺脫"只有自己"的廣域合作

另一方面，考慮到地區發展，不是「光是自己的地區」處於良好狀態就能夠解決所有問題，這是 SDGs 一直強調的訊息。譬如，對不臨海的地方自治體來說，對於達成 SDG 14「水下生命」可能會缺少當事人意識。但是像龜岡市的案例（第 2 章），如果只有沿岸地區的地方自治體採取行動，就不可能解決海洋塑膠垃圾等問題了。討論解決問題的方法，是必須將視野能從周邊的地方自治體、都道府縣、日本，擴展至全世界才可以，而且加深地方自治體之間的合作也是必要的。

行政部門擔負起創造「未來前提」的任務

進一步地，不只討論已形成的問題的處理方法（如果是前面提到的海洋垃圾問題，就是清潔海岸等），而是建構出不會讓問題發生的社會系統。對行政部門來說，公私協力是活用民間企業先進技術及速度感，變成能「幫助」自己工作的方式。但還是需要重新思考，什麼樣的事情是只有行政機關辦得到的。

舉一個例子來說，建構出人們行動時應該要有的前提。像是制定條例來限制行動、交付補助金等，能夠促使採取行動，以及讓多元主體在行動時有共同的方向，這些對企業及居民的行動都會帶來很大的影響。

　　行政必須要有成為社會系統根本，這個與「前提」有關的覺悟，並且思考應該如何運用。而這同樣也不只關心地區的現在，而是要能預見10年後、50年後，甚至是未來，跟居民及企業等多元主體一起思考，希望能朝哪個方向前進，並且共同合作創造地區的未來。為此，橫跨現在及未來的時間軸，活用多元主體的共通語言SDGs，讓市鎮再造能朝向永續發展邁進，那就太好了。

　　對地方自治體來說，SDGs好像是突然出現的，但到目前為止，地方自治體所採取的措施其實也有許多跟達成SDGs有關。希望各位讀者能活用SDGs的嶄新觀點及特徵，讓市鎮的未來能永續發展，讓自己居住的地方變得更好。

■參考文獻
1. 寶塚市網站「協動的市鎮再造 常有的疑問」〈https://www.city.takarazuka.hyogo.jp/faq/5000002/5000009/5000074/50000720.html〉（最後存取日：2021年10月7日）

謝 辭

首先，要感謝負責本書編輯的學藝出版社的松本優真小姐。因為有松本，真誠地與作者討論，堅持立場的編輯，能幫助許多人的這本書，才能順利出版。

撰寫本書的契機，應該要回溯到出版前一本書的時候。因為聽到前來參加我演講的前工作（大和市公所）前輩坂本勝敏先生這麼說「這次關於 SDGs 的內容非常精彩！但是前幾年，在公家機關內的學習會上，提到有關與居民共同努力的內容也令人印象深刻」。的確，為了與多元主體合作推動市鎮再造，站在市職員的立場，經過不斷地試行錯誤後所得到的經驗，成為自己往後努力的基礎。

然後數天後，令人感到驚喜，接到「要不要寫一本以 SDGs 跟公私協力為主題的書呢」的聯絡，於是開始撰寫本書。

因為這些經過而開始寫這本書，當中也曾經歷過不知道要如何將民間企業的觀點反應在書中的過渡期。這個時候，聽到神奈川縣顧問川廷昌弘先生「希望以 SDGs 來強化地方自治體的話，好好地向民間企業及團體學習就很重要了」溫暖的提醒，讓我重新確認公私協力的必要性。在此，特別感謝川廷先生。

特別感謝，研究所的恩師蟹江憲史老師（慶應義塾大學研究所）、源由理子老師（明治大學公共政策研究所），以及其他平時給予相當多協助的各位老師。

然後是站在顧問等立場，給予協助的地方自治體的各位，由衷感謝因 SDGs 而結緣的地方自治體、企業及市民團體的各位。

　　最後，要對在變化萬千的每一天，都能繼續相信我，並且全力支持的家人們道謝。

2020 年 2 月吉日，橫濱　　高木超

我們想要的未來 ⑤
SDGs 永續設計的公私協力
最實用的地方創生＋社區改造知識與方法 (二)

作　　　者	：	高木超
譯稿審閱兼導讀	：	羅曉勤
譯　　　者	：	張秀慧
特約編輯	：	林芳瑜
封面設計	：	盧穎作
美術設計	：	洪祥閔
社　　　長	：	洪美華
總 編 輯	：	莊佩璇
主　　　編	：	何　喬
出　　　版	：	幸福綠光股份有限公司
地　　　址	：	台北市杭州南路一段 63 號 9 樓之 1
電　　　話	：	(02)23925338
傳　　　真	：	(02)23925380
網　　　址	：	www.thirdnature.com.tw
E - m a i l	：	reader@thirdnature.com.tw
印　　　製	：	中原造像股份有限公司
初　　　版	：	2024 年 6 月
郵撥帳號	：	50130123 幸福綠光股份有限公司
定　　　價	：	新台幣 450 元（平裝）

國家圖書館出版品預行編目資料

我們想要的未來 ⑤ SDGs 永續設計的公私
協力：最實用的地方創生＋社區改造知識
與方法 (二)／高木超著，張秀慧譯 -- 初版 .
-- 臺北市：幸福綠光，2024.05
面；公分

ISBN 978-626-7254-34-9 (平裝)

SDGs× 公民連携 先進地域に学ぶ課題解
決のデザイン

1. 永續發展 2. 地方自治
3. 區域開發 4. 日本

553.16　　　　　　　　　112019048

Original Japanese title: SDGs x KOMINRENKEI: Senshinchiiki ni Manabu Kadaikaiketsu no Design
© Cosmo Takagi 2022
Original Japanese edition published by Gakugei Shuppansha
Traditional Chinese translation rights arranged with Gakugei Shuppansha
through The English Agency (Japan) Ltd. and AMANN CO., LTD, Taipei.

本書如有缺頁、破損、倒裝，請寄回更換。
ISBN 978-626-7254-34-9

總經銷：聯合發行股份有限公司
新北市新店區寶橋路 235 巷 6 弄 6 號 2 樓
電話：(02)29178022 傳真：(02)29156275

新自然主義